増補改訂版

“ひとり出版社”という働きかた

西山雅子 編

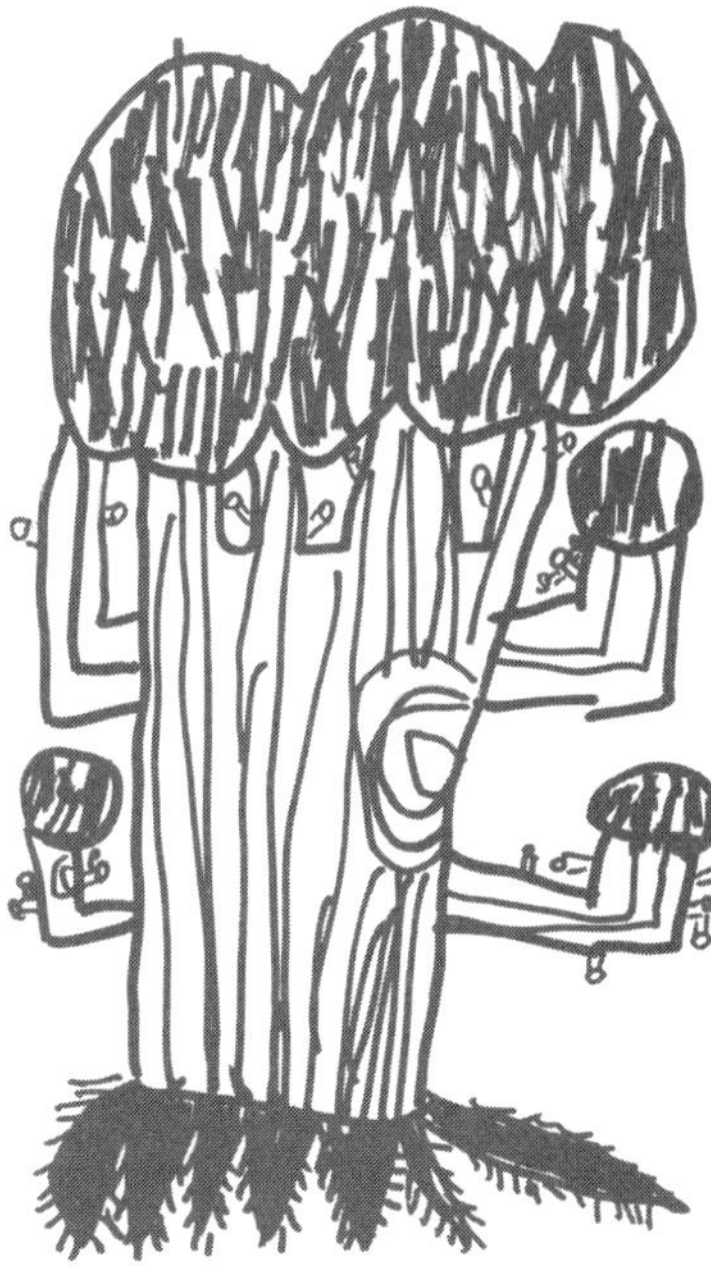

河出書房新社

はじめに

　今、電車のなかで本を開いている人はほとんどいない。書店の数は年々、減り続けている――そんななか、ひとりで出版社を立ち上げ、思いをこめた本を届けようとする人が増えています。自分の信じる仕事を、信じる仲間とのつながりを築きながら、身の丈にあった規模で営み、生き延びていく。変化する時代のなかで、これまでの生き方や働き方を見つめなおし、豊かさの意味をあらためて問う人々の志向に、出版のあり方もまた呼応していくようです。

　スマートフォンからあふれる記事・動画・ラジオ――かつての本の読者を奪った小さな機器は、宣伝・広報の多くをＳＮＳやネットに頼るひとり出版社の強い味方ともなりました。最大の進化は、流通環境の変化です。ひとり出版社に門戸を開き、大手取次会社の抱える課題解決に挑む、小さな取次会社や直取引代行会社の存在が、かつてより知られるようになりました。インフラとして定着したＤＴＰ環境に加え、オンデマンド印刷のクオリティやサービスも向上しています。人口減少社会で業界縮小を憂える声をよそに、これまでになく多様性に満ちた出版の可能性が広がっています。

　この本はこうした動きに先駆け、ひとりで（あるいは、かつてひとりで）出版社を立ち上げた代表者へのインタビューを柱に、書店をはじめとするひとり出版社と関わりの深い人々の声を集めました。「ひとり出版社という働きかた」を選んだ人が、本を通して伝えたいことは何か、それは人生のどのような過程で見つかり、出版を通じて何を実現したいのか、本が売れない時代だからこそ、そこには、売れること以上にかけがえのない何かがあるはずです。

また、人々の生き方、働き方が、かつてない速度で変わりゆく時代の潮目に際し、ひとり出版社のこれからを読むべく、彼らがインタビューから六年の時をどう生き、何を今感じているのか、新たに追記を収録しました。

この本が、新しい本のあり方を探る人はもちろん、これから独りで立ち、一歩前へ踏み出そうとする人へのエールになればと願います。

もくじ

はじめに　2

第一章　ひとりだからできること

小さい書房●安永則子
10　仕事も育児も　小さい身の丈でのびやかに
30　**時間が経って、わかったこと**

土曜社●豊田剛
32　ひとり出版社は　愉快に生き延びる手段なるか？
52　**十年また十年**

港の人●上野勇治
54　魂の声をかたちにする　光射す書物をめざして
72　**二十四年目の春**

スペシャル・インタビュー
詩人　谷川俊太郎
74　詩も出版も、時代とのせめぎあいが新しいかたちを生む

第二章　地方での可能性を拓く

ミシマ社●三島邦弘
84　〝出版〟と〝継続〟は同義語
次世代に向け、今なにができるか
106　生命ある「つくる・届ける」をつづけていく

赤々舎●姫野希美
108　生を揺るがす写真家たちとの出会い
衝動の連続で歩んだ道
128　庭にしゃがむ

サウダージ・ブックス●淺野卓夫
130　「本のある世界」と「本のない世界」の
狭間を旅する
150　さようなら〝ひとり出版社〟

column
1　宇田智子（市場の古本屋ウララ）　152　沖縄の小さな出版社
2　田村実（タムラ堂）　157　奇跡の出版社 ターラー・ブックス（インド）

第三章 信じる〝おもしろさ〟を貫く

ゆめある舎●谷川恵

164 家族を支えた あれもこれもが今につながる

182 「ひとり」から広がってゆく幸せな仕事

ミルブックス●藤原康二

184 好きな仲間たちと 好きなものの本質を伝えたい

202 密な本作りを目指して

タバブックス●宮川真紀

204 やってみたらひとりでできた そこから世界が広がった

222 恥ずかしい、でも変わらない

インタビュー トムズボックス 土井章史 224

安普請でかっこいい本をつくりたい

column 3 和氣正幸（BOOKSHOP TRAVELLER） 229 本屋の独立と解放、そして出版

第四章　つながりをも編む

島田潤一郎（夏葉社）234　町の本屋とひとり出版社

石橋毅史（ライター）240　あなたはたったひとりで、その本を誰に届けるつもりなのか？

内沼晋太郎（ブック・コーディネーター）247　「小さな本屋」の話

254　「小さな本屋」の話（2021）

column 4　西山雅子　258　海を越えてつながるひとり出版社

おわりに　262

増補改訂版に寄せて　266

カバー・本文デザイン　倉地亜紀子
装画　ミロコマチコ
撮影　田口周平

第一章

ひとりだからできること

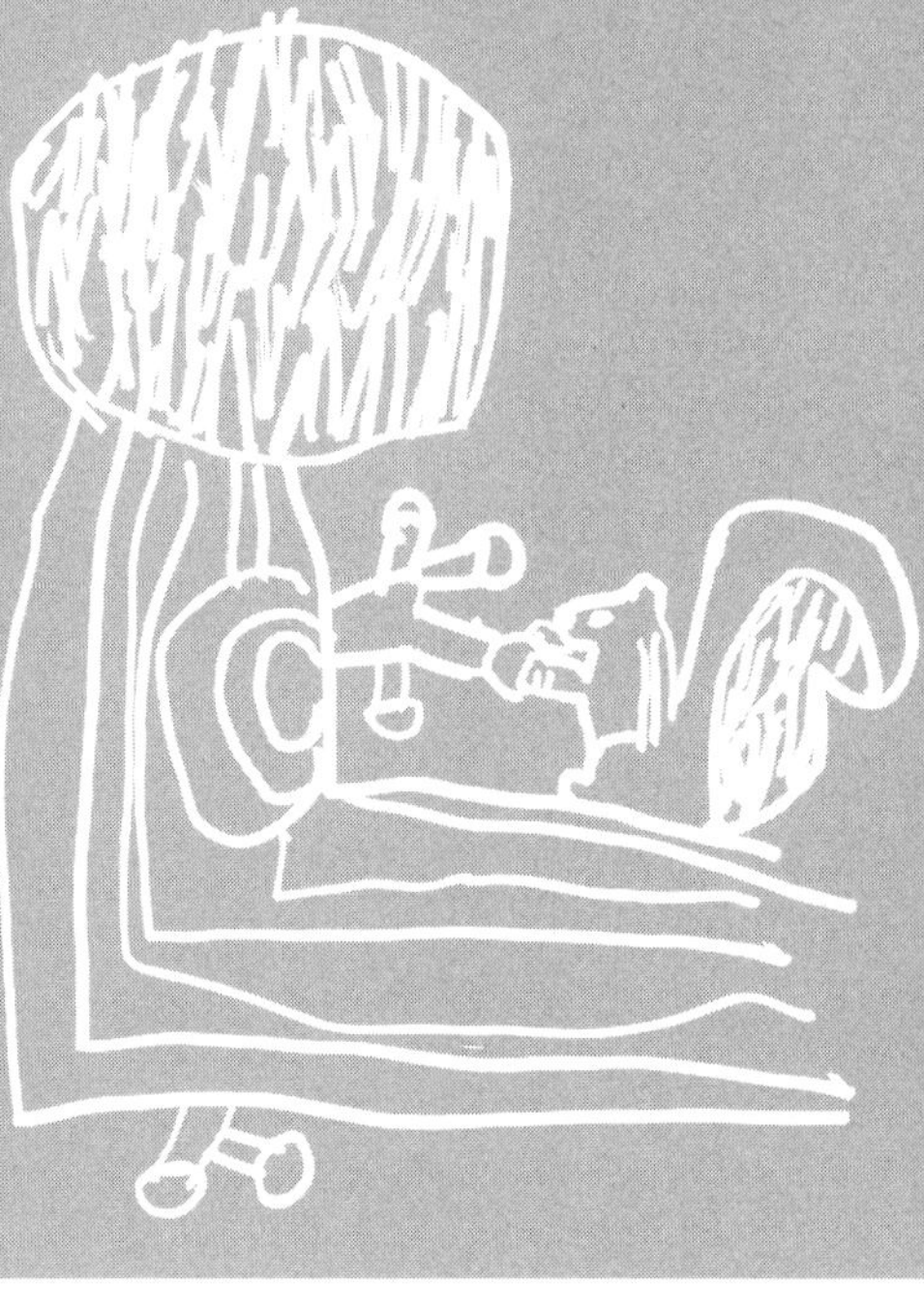

仕事も育児も
小さい身の丈でのびやかに

小さい書房・安永則子

chiisaishobo noriko yasunaga

元民放テレビ局に勤務、東京地検特捜部や警視庁を担当する報道記者だった安永則子さん。昼も夜もなく仕事に打ち込んできた人生が、出産と育児を機にまさかの一変。「子どもと一緒に晩ご飯を食べるため」、テレビ局という大きな船を降り、たったひとりの小さな舟を漕ぎ出した。立ち上げは二〇一三年、翌年に第一作目の『青のない国』を刊行。帯の言葉「何が大切かは、自分が決める」には、仕事と育児の両立で悩み抜いた末にたどり着いた、安永さんの旅立ちの意志も込められている。ふたりの子どもも自分の事業も、今は成長の真っただ中。小さく働き、生きることについてお話をうかがった。

迷ったときは直感を信じる

大学卒業後、ＴＢＳテレビに入社し、一七年間勤め、大半は報道局社会部という事件や事故をあつかうニュースの現場にいました。よく「警視庁記者クラブからです」とテレビのニュースに出てくるような記者クラブ詰めは、報道のなかでも非常に過酷で、いわゆる「夜討ち朝駆け」、ほとんど一日中取材している状態でした。睡眠時間は三〜四時間、当時、三〇前後で体力的には充実していましたから、とにかく寝る間もなく働いて、立ったまま眠ったこともあります。うっすら頭のなかで「倒れるぞ」と意識し、中腰になろうとしつつも頭からバタン、起き上がったら顔に血のりがべったり（笑）。好きな仕事に没頭して、趣味も土日もいらない人間でした。

——そんな安永さんが第一子を授かったのは三四歳のとき。「世の中にこんなにおもしろい生きものがいるんだ」と感動した。日々、成長していくわが子の変化に目を見張り、育児休暇で初めて体験する専業主婦生活は、子ども中心の予定でスケジュール帳が真っ黒になった。一〇ケ月後の職場復帰にあたっては、ファミリーサポートやベビーシッター五人をリストアップ。この人がダメならあの人と、いつでも子どもを預かってもらえるよう準備も万端に整え、以前と同じ部署、同じ記者の仕事に戻った。しかし、安永さん自身の考え方ががらりと変わっていった。

復帰する前って、実際に自分の生活がどう変わるのかよくわからないんですよね。きっと、どうにかなるだろうと楽観的に構えていたんです。でも、前と同じように働こうとすると、帰宅が夜遅くなってしまう。ニュース番組は夕方五時から七時の決まった時間にありますから、急いでも夜九時頃の帰宅になる。仕事をやりたいけれど、どうしても子どもと一緒に晩ご飯が食べたい。その時間からは母親に戻りたいと思うようになりました。それが、自分のなかで絶対に守りたいことになったんです。まさか自分がそんなふうに変わるなんて思っていなかった。自分で自分にびっくりするほどでした。

そうなると、なんとなく早く帰宅できる範囲内の仕事にしか手を出さなくなって、自分から仕事にブレーキをかけるようになっていきました。そんな自分が嫌で仕方がなかった。もともと記者の仕事が大好きな人間でしたから、仕事で充実できていないことは私にとって大問題だったんです。

これは働き方を変えなきゃいけないと思って、あらためて社内を見渡してみると、テレビ局には業種の違う部署が複数あることに気づきました。なかでも番組コンテンツを利用してビジネス展開する事業部ならと判断し、異動を願い出ました。

報道現場は時間が勝負の世界ですが、事業部なら勤務時間がほかの人より短くても、利益さえしっかり出せればいいのではないか、自分もやりがいを感じて働けるのではないか、と考えたんです。働くものさしをそれまでの「時間」から「お金」に変えてみようと。事業部はまるで、まったく違う会社のようでした。まず、ビジネスのために交わされる会話の意味がよくわからない。会議で出てきた言葉を書き留めて、あとで人に聞こうとしたら、A4用紙一〇枚くらいになったのを覚えています。

――事業部では大手出版社と組んでドラマ番組などの書籍化に携わった。自宅でできる仕事はせっせと持ち帰り、五時半に退社して保育園へ迎えに走る毎日。取引先へのメールなどは、子どもと夕飯を食べて寝かしつけたあと。朝は四時前後に起き出して仕事にかかる。何事にも手を抜かない性分。細切れの時間をかき集め、新しい仕事にも熱中したが、この先も続けたいかといえば、どこか違う気がする。こちらを埋めたら、あちらが空いてしまう、永遠に完成しないパズルのようなもどかしさがあった。結果として、異動した事業部で四年ほどを過ごし、退社することを決意した。

悶々としていた理由は、異動して自分が立つポジションが変わっても、同じ土俵のなかで右往左往するだけで、根本的な問題は解決していないことでした。私自身が納得のいく仕事をして、なおかつ子どもを育てたいなら、自分の立つ土俵そのものを変えなければいけないのかもしれない。具体的には、「会社を辞めるしかないのか？」と頭には浮かぶものの、辞めてなにをするのかも見えてきませんでした。記者の仕事に近いライターは星の数ほどいるし、取材現場にいつ何時でも駆けつけられる身軽さがなければ難しい。つくづく、潰しがきかないなあって。

そのまま一年くらいが過ぎて、あるとき本の出版が一冊キャンセルになり、思いがけず自分の時間が少しだけできたんです。夜中にたまたまネットを見ていたら「ひとり出版社が増えている」という小さな記事を見つけ、瞬間に「これしかない！」と。クイズ番組で赤色灯がついたようにひらめいて、パーッと目の前に道が開けた気がしました。

当時の仕事は大手出版社がパートナーでしたから、「ひとりでできるなんて本当？」という驚きもありました。でも、それだけでは会社は辞められない。ひとつ若い世代なら、会社を辞めて起業することも珍しくないかもしれませんが、私は当時四〇歳。終身雇用制度が当たり前のなかで働いてきました。まさか好きでやっていた仕事を自ら辞めるなんて発想はなかったんです。起業しても食べていけるのか不安で、関連本もいろいろ読みました。実際にひとりで出版をやっている人がいることはわかりましたが、自分とは環境も違うので肝心なところはよくわからない。そんなとき、私はいつも、自分の直感だけは大事にしてきたように思います。インターネット時代の今、たくさんの情報を得ても、どれが正しいかなんてすぐにはわからない。自分の手や目の届く範囲、おかれた状況のなかで、瞬時に出てきた「こうかもしれない」という直感の力を信じることにしました。

育児と仕事の両立の問題は今にはじまったことではなく、スパッと回答なんか出るわけがない。私の考え方はむしろ古いほうで、もっと会社のなかで働き方を考える方法もあったと思います。それができるに越したことはないんですよ。実際、社会制度はどんどん改善されて、私がひとり目とふたり目を出産した三年の間にも、会社の育児時短制度はより充実していきました。それでもいろいろと悩んでいるとき、ひとつだけわかっていたのは、万人にあたえられている時間は一日二四時間しかないことです。仕事も育児も絶対となったら、一日の時間内で仕事の時間を、朝と昼と夜で切り分けるしかない。少なくとも私は、そう思いました。もちろん、会社員として働きながら、仕事と育児を両立している人はたくさんいます。私の場合は、ふたつの「絶対」を納得したかたちで両立するために、今のこの働き方しか選べなかったんだと思います。

「小さい書房」という屋号は駅前の横断歩道を歩いているとき、思いつきました。「小さい」という言葉は、はじめから入れたいと思っていたんです。前職でスケールの大きい仕事の醍醐味は十分味わわせてもらった。私はある意味、その大きな船を自分から勝手に飛び出して、手漕ぎボートで荒波に突っ込んでいくような気持ちでした。この先どうなるのか、なにもわからなかったけれど、「小さい」ことだけは確実だと思ったんです。大には大の、小には小のメリットがある。私は「大きい」ことのメリットはもう味わえないけれど、これからは「小さい」身の丈を活かした仕事で生きていくんだ、という思いがありました。

絵本の棚を飛び出す絵本

――幼い頃から絵本に囲まれて育ったわけでも、とりわけ本が好きだったわけでもなかった。子どもに読み聞かせるための絵本を図書館で探すようになり、たまたま手に取ったシェル・シルヴァスタインの『おおきな木』(あすなろ書房)に深く心を打たれた。絵本は子どものものとばかり思っていたが、大人の自分もこれほど刺激を受ける絵本があるのなら、このジャンルでやってみたいと想いがふくらんだ。振り返ると、テレビ局の採用面接のときも「新聞を読まない人にも見てもらえるニュース番組をつくりたい」と話していた。絵本になじみのない人々にも届く絵本をつくりたい。仕事のかたちは変わっても、目指すところは変わらない。

私自身、子どもがいなかったら絵本の棚には行かなかった。だから、絵本の棚を飛び出す絵本をつくりたかったんですよ。読みものに「絵」がある本と

いうイメージです。絵本は絵と言葉で成立する点が、テレビと感覚的に近いと言えます。例えば、強い映像にはナレーションはいらないし、ナレーションによって映像が活きることもある。目の前の動かせない事象をとらえる「ニュース」と、なにもないところから物語を紡ぐ「絵本」という違いはあるにせよ、企画するうえでなにを切り口に、どう伝えるのかという視点は変わらない。案外、これまでの仕事と重なる部分があるので、やっていて自分もおもしろいのだと思います。

確かにひとり出版社をはじめたのは、子どもと一緒にいる時間が欲しかったからですが、私自身は子どもにべったりな母親でもないんです。子どもは子ども、私は私としてそれぞれ自立して生きていくべきだという人間なので、児童書としての絵本にはそれほど興味が湧かなかった。絵本といえば「子ども向け」が市場の大半を占めている状況下では、私のように小さい出版社はなにか特徴がないと、埋没してしまうとも思いました。だったら大手出版社が狙わない「大人向け絵本」をやることでひとつの個性が出せるのではないかと。

判型は当初から決めていました。子ども向けの絵本は読み聞かせ対応で大型化していますが、会社勤めの人のバッグにも入るA5サイズでつくりたかったんです。メッセージ性をもった読みごたえのある内容にするには、ページ数も大型絵本に多い三二ページではなく、六四ページくらいとイメージが決まりました。

——屋号は早く決まり、出したい本のイメージがかたまりつつも、著者をはじめ、なにもあてがなかった。自分なりにあちこちと動いてはみるが、うまくいかない。試行錯誤していた安永さんに、「カステラの法則」という言葉を教えてくれた編集者の友人がいた。カステラが好きだと言い続けていると、人からもらったりして自然と手に入る。自分の欲しいものや目指すことを口に出していれば、チャンスは向こうからやってくる、という意味だった。おかげで立ち上げから一年半後、第一作目『青のない国』の刊行に、なんとか漕ぎ着けた。

当時、まだホームページもなく、名刺をつくっただけの私には「カステラの法則」は、もってこいのアドバイスでした。いろいろな人に会いに出かけ、「私はひとり出版社で、小さい書房の安永です」とバンバン言い続けました。実績もないうちからそう名乗るのは気がひけましたけど、考えてみれば、私にはそれしかない、と。

ひとりで「こうやりたい」と思っても全部はその通りにいかないし、仮にやれたとしても、それってあまりよくないと思う。会社と違って、ひとりでなんでも決められて面倒がないぶん、視野も狭くなりがちです。いろいろなボールをいろいろな人に投げていくなかで化学反応がおきて、思いもよらない道が開けたりする。そこで、のるかそるか。直感でおもしろいかも、と思ったら迷わずに進む。ただ、行けばいいというものでもなくて、やっぱりひとりって怖いんですよね。自分の利益のためだけに近づいてくる人だって、いるわけですから。私もそこは、動物的な嗅覚で嗅ぎ分けているとしか言いようがないですね。それでも、視野を狭めないように自分から働きかけていかなければと思います。

最初に刊行した『青のない国』の作者、風木一人さんのそれまでの著書は、すべて児童書出版社から出た絵本でした。でも、『はっぱみかん』（佼成出版社）などを読んで、私が出したいと思っていた、社会の価値観とは関係なく「何が大切かは、自分で決める」という大人向けのテーマを共有できる方だと感じました。

作家さんの側からすると、聞いたこともない、ひとりで出版社をやっている人間から、いきなり「初めての著者になってください」とお願いされるわけです。「なんだこの人」と思われるに違いないと思いましたが、事件記者って、だいたい取材されたくない人に向かっていく仕事ですから、ダメもとは私にとって、いつものことでした。大手出版社と比べ初版部数も少なく、宣伝力もなく、おまけに私は純粋な書籍編集の経験もなく、組んでもデメリットが多い。はじめにその三つをことわったうえで、ひたすら熱意を伝えるしかなかったんです。その

『青のない国』
風木一人／作
長友啓典　松昭教／絵

「長友さんからこれでどうかな？　と主人公の男のラフ（下絵）を見せていただいたときは感動しました。男の性格や年代、佇まいまでイメージとぴったりで。その後、長友さんが装丁の松昭教さんにお声かけくださり、ふたりで絵を描く流れに。いきなり著者になった松さんもさぞびっくりされたと思います。著者の方々には感謝の言葉しかありません」（安永）

とき風木さんに「安永さん、ひとり出版社に必要なものがなにかわかりますか？」と聞かれました。「わかりません」と答えると、「ひとつは早い決断力、もうひとつは勇気です」と。確かに自分でも「無謀」という自覚はありましたが、それを「勇気」と言ってくれる、そんな方に出会えて本当に幸せだと思いました。風木さんが言ってくれた「出版は大小じゃない」のひと言で、肩の力が抜けたのかもしれませんね。執筆を受けていただいた翌月は、四回も風邪で熱を出して寝込みました。最初の原稿が届いたのは五ケ月後で、最終的に本が仕上がったのがそれから一年後。スピード勝負のテレビニュースを仕事としてきた私は、待つのが苦手なんです。子どもを保育園に預け、「私、今ほんとに仕事してんのかしら」と思うこともありました。でも、絵本をつくるうえで、作家さんの原稿を待つことは大事な仕事なのだと学びました。

　帯文は、会社を辞めてひとりで起業することにした、私の経験から得た言葉でもあります。そんな公私混同でいいのだろうかと最初は思いましたが、帯にひかれて手にとったと言ってくださる方や、人生の節目で生き方を考え直すきっかけになったという感想も多く、結果、こうしてよかったと思っています。書店では、新刊、絵本コーナー以外にも、文学、詩、ライトエッセイのほか、アートの棚に置かれることもあります。ジュンク堂書店は大人向け絵本の棚をもっていますが、ほかは書店の方の受けとり方次第。誰の目に留まるかわからないので、いろいろな棚に置かれるのは、こちらとしてもありがたいですね。

――つくる本には、報道の現場に長くいた安永さんならではの、社会に向けられた眼差しがある。二作目、三作目の本では、それがより強く感じられる。

前々からなにもしない人って傷つかないな、と感じていたんです。二作目の『二番目の悪者』はメディアなどを通して社会を見たとき、もやもやと抱いてきた疑問のひとつが、かたちになったものです。例えば学校のいじめ問題も、周りでただ見ていただけの人は、本当は同類じゃないかと思いますが、咎められることはない。社会人でもなにかを行動に移せば移すほど失敗もあるけれど、なにもしなければ肩書に傷がつく心配もない。行動しないほうが楽なことってありますよね。一番悪い人に盲従してしまう、「その他大勢の人たちに罪はないのか?」という問題提起がテーマです。

社会風刺が強いので、登場人物は人間ではなく動物にしました。本にメッセージ性はもたせたいですが、あまり前面に出すぎると説教じみた本になるので。小さい子どもたちには、メッセージなど気にも留めずに、入っていけると思います。大きくなって、込められた意味に気づいてもらえたらと。

便宜上「大人向け」としていますが、本来どんな絵本も漢字さえ読めれば、大人も子どもも隔てなく対象にできると思うんです。最初、小学生以上はみんな読める絵本にしようとしたんです。でも、それだとルビが多すぎてしまう。字が大きかったり、ルビが多かったりすると、大人が手にとらなくなる。最終的に五年生以上の漢字にルビをふることで落ち着きました。

この本が全国学校図書館協議会の小学校高学年・中学生向け選定図書に選ばれたとき、関係者から「中学生は自分を子どもとは思わない、高校生は自分を大人だと思います」と言われたのが、とても印象に残っています。「大人向けの絵本」をつくるうえで、とても含蓄のある言葉に感じて、以来、頭に留めています。

三作目の『歩くはやさで』は、スマートフォンなどがあふれ、便利さが日々加速するなかで、本当は奪われているのかもしれない、と投げかける一冊です。

文の松本巌《がん》さんは、元電通のクリエイティブ・ディレクターで、ヒットCMなどを数多く手がけられています。日常のちょっとした疑問をコミカルに描いた、『みんなのぶた』というアニメーション・シリーズを観たのがきっかけで執筆をお願いしました。大上段に構えず、敷居の低いところから問題提起する手法がとても素敵だと思ったからです。絵の堺直子さんは、これがデビュー作。本づくりを生業とするからには、新しい著者を発掘していくことにもやりがいを感じます。

無謀な行動にも責任がある

――本自体は売れているが、経費を差し引くと利益が出ないという。通常は経営上、価格を上げることも検討せざるを得ないところだが、もともと誰でも無料で観られるテレビの業界にいたせいか、値段の高い本には抵抗がある。

『二番目の悪者』
林木林／作
庄野ナホコ／絵

「帯文“考えない、行動しない、という罪”にドキッとしたとよく言われます。この物語は学校の教室にも、職場にも、それから政治の場にも通じるところがあるせいか、小学生から中・高・大学生、社会人まで幅広い年齢層に読まれています」（安永）

『歩くはやさで』
松本巌／文
堺直子／絵

「便利さは日々加速していて、私たちは知らず知らずのうちにその便利さに慣らされている。詩のような文章とあとがきからなる一冊です」（安永）

絵本の印刷はカラーが基本ですから、製作費がどうしても高くつくんですよ。はじめたのがパン屋さんだったらよかったのにと思います。「天然酵母です」とか、「手ごねです」とか、付加価値があれば、値段が高くても納得してもらえる。でも本は、印刷も紙も大手出版社と大差なく、小さい規模で同じことをやっているだけ。単価を落とすために初版部数を増やしたいけれど、小さいがゆえに難しい。もちろん小さいからこそ、納得いくものに仕上がるまでこだわって、刊行時期を延ばすことも可能です。かといって、すごく情熱をかけてつくったので価格も上げました、とは読者に言えないですよね。ある本屋さんで「ひとり出版社で、一冊一四〇〇円でやっていけます?」と聞かれました。出版業界の感覚では難しいことですが、私にはまだ客側の感覚が残っていて、もうちょっと高かったら手にとらないな、と思ってしまう。

一日は二四時間と限られているのに、テレビやネット、DSにスマホと、これだけエンタメが多岐にわたるなかで、本は本好きだけが買うものになりつつある。それを致し方ないと諦めてしまいたくはない。本が高くなれば、本好きの人だけが買う流れが加速すると思います。だから今は、歯を食いしばって耐える。耐えられなくなったら……謝る(笑)。どう謝るか? うどん屋さんが「原材料の価格高騰にともない値上げ」と店頭に貼り出すように、私も方針転換しなければならないときが来るかもしれません。著者がいるからには責任が発生しますし、持続するための資金を整えなければならない。無謀さのなかにこそ責任感は大事だと思います。

「ひとり出版社」って、気楽に受けとめられがちな響きもありますよね。はじめようと思えば誰でもできるし、これからもたくさん出てくると思いますが、五年後一〇年後、どれだけ生き残れるか。大手出版社ですら不動産事業など、多角経営で利益を得ているような時代、出版業だけで逃げ場もなく、売れる本を出して認知されていくのは相当難しいと思います。この出版不況のなかで、どうやって生き延びていくかが私の課題です。

――とはいえ、「夫のお金を使うわけにはいかないのは大前提」という安永さん。今は自分の貯金を切り崩しながら資金にあてている。軌道にのせて利益を上げるためには、「三年だと短すぎるし、一〇年だとのん気すぎる」と話す。当面は、向こう五年が目標だ。

結果を出すまでに「一〇年待って」じゃ、いくら家族に対してでも無責任じゃないかと。私のような人間は、自分の食いぶちを自分で稼がないと嫌なんです。刊行後、売上げの入金が半年後です

から、印税や印刷製本代など、最初の製作費は必然的に持ち出しになります。回収できる仕組みを早くつくらないと、持ち出しがどんどん増えていくし、次の作品も考えなくてはいけない。毎日が挑戦です。

なにもかも背負って、向こう五年一〇年、売っていこうとするからには、一〇〇パーセント納得した本でないと自分がつらくなる。納得度は大事にしています。同時に、「続ける」ことも大事な課題ですから、現実的にどうしたら続けられるか、見直しが必要なときも来るかもしれない。五年間は今の方向性でやって、うまくいかなかったら、そこでまた考えればいいと思っています。

私は作家さんから降りてくる作品を待つだけの本づくりはやりたくないし、できないと思います。それだと、うちより条件が有利な大手の編集者たちが列をなす、オファーの最後尾に並ぶことになる。そうなると「小さいこと」は完全に不利です。こちらから共有したいテーマを著者に投げかけていきたいんです。ひとり出版社は、作家さんにとってデメリットも多いかもしれませんが、五年先一〇年先も担当者が変わることがない。同じ情熱をもって本を紹介し続けることができるのは、悪くないところだと思います。

小さいながらの見極めと夢

――小さいからできること、できないこと、両方ともたくさんある。できないことにぶつかったとき「身の丈を越えてやろうとするのは、間違い」だと思っている。自分の分をわきまえながら、やりたいことをやれる道を探るのがいい。そんな安永さんが、小さいならではの大きな夢を明かしてくれた。

名刺の裏に「ひとりで読んでも　こどもと読んでも」というロゴを入れているんです。夕焼けと織物のイメージからデザインされています。これにたどり着くのが難しかったんですよ。ビジネスのいろはで考えると、本来は読者層を絞ることからはじまるはずですが、私はあえてそこを曖昧にしている。「何歳向け」という枠にとらわれない本づくりにこだわっているので、悪いほうに転ぶと虻蜂《あぶはち》取らずになる。けれど、ひとりだからこそ、小さいからこそ、こだわれる部分だから大事にしたかったんです。そのとき、デザイナーさんが「安永さんが言ってることって、夕焼けを見ているようなことだよね」と。夕焼けを見て「ええ夕焼けやなあ」と感じるのは、大人も子どもも同じ。誰の目にも美しいものとして存在しているけれど、どのように感じとるかは見る人それぞれによって少しずつ違う。そこに織物のイメージを重ねています。縦の目と横の目が反発し合うのではなく、重なることでひとつの織になる。まさに、私の目指す「共有する」ということを体現していました。

あえてロゴには屋号を入れていないんです。そこに「小さい書房」と入れてしまうと、うちだけの刊行物にしか使えなくなってしまう。これは私の……野望と言ってもいいかもしれませんが、いつかこの「ひとりで読んでも　こどもと読んでも」の看板を掲げて、いろいろな出版社の本が並ぶ棚が本屋さんにできたらいいな、と。小さい書房はがんばっても、年間一～三冊しかつくれないから、うちの本だけでは無理なんです。でも、大人も子どもも読める本はほかにもある。これだけ本があふれているなかで「うちの本だけ売ってください」というのは現実的に不可能ですし、考え方としても正しくない。いつかみんなと、このロゴを共有して声をかけあって、認知されるようなジャンルにできればと。同じような考えで本づくりをする人たちの本が集まって、そこに小さい書房の本も入れてもらえるのであれば、そんなに幸せなことはないです。

ひとりで読んでも
こどもと読んでも

——話しながら、弾む気持ちをどこか抑えるのに懸命な安永さんだった。一作目の『青のない国』が、大好きなシェル・シルヴァスタインの『ぼくを探しに』と『おおきな木』の間に置かれていたのを書店で見つけたとき、じんわりと喜びを噛みしめたという。ひとつの目標の実現が、次の夢につながっていく。

●**小さい書房**　https://chiisaishobo.com/

時間が経って、わかったこと——安永則子●小さい書房

前回取材を受けてから六年が経ちました。振り返ってちょっとくらい気の利いた言葉を並べたいところですが、この本の向こうに、これからひとりで起業しようと思っている人がいるとしたら、六年前と今で「小さい書房の何が変わり、何が変わっていないか」を伝えることこそ、私がすべきことだと思います。それではさっそく「変わったこと」から。①刊行本が全一〇冊になりました。最も増刷しているのは『二番目の悪者』で、八刷累計二万五〇〇〇部。全国の司書や先生方が口コミで広めてくれていて、東京の私立中学の入試問題に使われたほか、読書感想文を書いた小学生や高校生が次々と受賞しています。新聞広告など一切出せないので（お金、ありません）この本を広めてくれた名前も顔も知らない方々に感謝しています。②『二番目の悪者』『せかいいちのいちご』『空をつくる』の翻訳本が、韓国、中国、台湾などで発行されました。海を越えた先で同じ本を手にしている姿を思い浮かべるのは、大きな喜びです。③本の営業の仕方が変わった、と思います。最初の頃は、都内を中心に一軒でも多く書店をまわろうとしていました。でもこれは大手版元のやり方で、私が真似てもかないっこないとすぐに気づきました。ひとりでやれる作業には限界があります。だったら……一〇〇店舗に一冊ずつ置いてもらうよりも、「一〇店舗で一〇冊ずつ売っていただきたい」と思うようになりました。一〇〇×一も、一〇×一〇も同じ一〇〇。だったら、より実現性が高いのは後者だろうと。刊行冊数が増えた頃から、小さい書房全点フェアをやってく

れる本屋さんも増えました。④一方で、販路拡大は重要です。ただし「売る」ほうに重点をおきすぎると、「本をつくる」ほうが疎かになる。私ひとりしかいませんから。そこで、本屋さんに直販する条件を「委託」から「買切」に変えました。結果として、直取引を希望する本屋さんは減りました。残念ですけれども、直取引を増やせば発送や請求に時間をとられるので、私の場合は取次を通じての販売比重を高めたいと考えています（直取引をうまくやっている小さな版元はたくさんあるので、これはあくまで小さい書房の場合、です）。

さてここからが本題。この六年で「変わっていないこと」は何か——それは相変わらず、儲かっていないことです（！）。もう少しオブラートに包んだ言い方をすべきでしょうが、隠しようがない事実なのでご容赦下さい。本が売れても、経費を引くと残る利益はわずか。これはいまだに変わりません。そして、だからこそ気づいたこともあります。今もこの仕事を好きでやっているということは、自分の原動力の中心がやっぱり「利益」ではなかったのだあ、と。「本をつくるのは面白い」と感じることが、私の場合は最重要なのだなあ、と。

小さい書房を飛行機にたとえるなら、この先もずっと低空飛行でしょう。でもずっと落ちない飛行機のように、ありたいです。地面すれすれになっても、なんとか持ち直しながら宙に浮かび続ける。「あいつ、しぶといなあ」と思われる日がいつか来たら、小さなコックピットで「にかっ」と笑っていると思います。

ひとり出版社は
愉快に生き延びる手段なるか？

土曜社・豊田剛

doyosha　tsuyoshi toyota

仕事場は代官山。洗練されたマンションの部屋のドアを開けてまず驚くのは、極端なモノの少なさである。自宅兼にしては狭すぎる間取り。しかも、妻とのふたり同居という。豊田剛さんは、ふたつの出版社で営業を経験した後、生命保険会社でＦＰ（ファイナンシャルプランナー）の仕事を経て、二〇一〇年、土曜社を立ち上げた。第一作目は明治大正を生きた社会思想家、大杉栄の復刊本。大杉栄の言葉に「自由で愉快な社会」とある。「自由」は簡単に手に入らないが、「愉快」に働くことなら、自分にもできそうだと考えた。本質的に必要なことを見極め、自分らしく生きていくための出版活動。実践の場としての空間がそこにあった。

息抜きも仕事のうち？

代官山は僕にとって厳しくない街なんですよ。前に住んでいた港区田町では、毎日ビジネスマンが忙しそうに行き交うのを見て、せき立てられるような気持ちになった。学生の頃にいた蒲田は、老人が多くて病院も多い。老いや病いを目にするのは、若かった自分にはしんどいことでした。その点、代官山はみんなカッコつけてくる街だから、生々しい現実を見つめずに済む。そんなわけで一〇年以上、代官山にいます。同世代の仲間たちは、結婚などを機に郊外に出てしまって、ちょっといい家に住みはじめているんですよ。それに対するアンチの気分もあって、「俺はいつまでも街に残る」と（笑）。家賃は高いけど、そのぶん狭いのをがまんすればいい。それより人が訪ねてきやすくしておきたい。でも案外、人って立ち寄ってくれないんですよね（笑）。通勤で渋谷を通る親しい友人でさえ寄ってくれない。

今の部屋は三〇平米ですが、最初この街に越してきたときは、もっと狭くて二〇平米。弟と、当時はまだ彼女だった妻も転がり込んできて、三人で寝泊まりしていました。二〇代で読んだ本は、最初の会社を辞めたとき、食べるのに困って全部売りました。

——大学を卒業して一社目は学術出版社、二社目はレコード会社の出版局で営業職に就いた。まったくジャンルの違うふたつの書籍営業を合わせて七年経験したあと、旧財閥系生命保険会社に転職。ＦＰとして一年半勤めた。自分は出版に向いていないと転じたＦＰの仕事だったが、一度離れてみたことで、また出版の世界に戻る気になった。

新卒で入った慶應義塾大学出版会では、メインの学術研究書と教科書のほか、大学の先生が書いた一般向けの教養書の営業をしていました。営業先の大学生協と図書館と書店のうち、僕は図書館と大型書店が担当でした。ふつうは、エリアごとに担当を分けることが多いのですが、広告代理店方式で垂直に分けることになったんです。担当の区別ははっきりしますし、成果もわかりやすいものの、動きの面では不便なところがありました。営業で大学図書館に行っても、同じ学内にある生協には別の担当者が行く。同じ駅の周辺にある大型書店も、担当外の書店は寄らずに帰ってくる。

それもまだ余裕があった時代、二〇〇一年頃の話です。当時は客先で「慶應の豊田さん」と名前を呼んでもらえることや、職場に自分の机があるのがうれしくて一生懸命やっていました。

その次はブルース・インターアクションズというレコード会社の出版局。音楽好きを自負していましたが、そこでは音楽に詳しいことが当たり前。自分はたいしたことがないとわかって。すごすぎるものを見ると、萎えることってありますよね。人と比較することじゃないんですけれど、未だにどの音楽が好きかなんて、恥ずかしくて人前で話せない。会社でも、音楽の話はほとんどしなかったですね。月刊誌ひとつと隔月誌が三つ四つあって、書籍も年に四、五〇冊出ていました。営業は当初三人いたのが、僕が辞めるときはひとりになっていました。もともと自分の領域を、どんどん広げていきがちなのが悪いくせで、営業は自分ひとりで十分と抱え込んでいました。だから、僕が辞めたら会社に迷惑がかかることはよくわかっていたんですが、そのくせ密かに面接を受けて生命保険会社の採用を得たんです。僕の突然の転職で、出版局にはその後三ケ月間、営業がいない状況になりました。ところが、その間も本は世に出て書店に並び、大過なく過ぎていった。むしろ売上げも順調だったと聞いています。自分がいなければ会社は困るだろう、なんて思うことは、おこがましい考えなんだと思い知りました。

生保会社のFPは、「人生設計のお手伝い」の名のもとに、資産運用を勧める仕事です。当時、その会社には本社に設けられた特殊部隊として、二〇〇人くらいのFPがいました。この仕事がとても難しかった……。その頃、僕は独身で賃貸住まい、子どもも貯蓄もなく、無保険で収入も不安定。そんな人間が、他人の人生をプランニングするなんて、説得力がないと思いながらやっていました。最初の三ケ月間、びっしり研修があるんです。その点は大きな会社だけに、しっかり金融セールスのいろはを叩き込まれる。研修所の初日で、ああ、ヤバいところに来た、と暗然たる気分になりました。

一年半やってみて、これ以上FPの仕事は続けられない、と思っているところに、友人の編集者がうちに遊びに来たんです。会社で居心地が悪くなっていた彼の話を聞くうちに同調してしまって、ふたりで出版社をやろうという話になりました。当初、彼が編集で、僕が営業担当と言っていたんですが、正直、もう営業はやりたくないと思っていた。それなら営業のいらない出版社をつくろうと彼が代案を出してきて、「それはいいや」と盛り上がって。

編集者の仕事も雑用だなんて言われますが、営業はもっともっと雑用の多くて、根気のいる仕事

です。一日たりとも仕事が終わったと感じるときがない。二社目の出版社では三年間、やれるだけをやったつもりですが、この調子で一〇年は到底できないと思いました。息抜きが仕事にちゃんと組み込まれていればいいと思うんですよ。客先で商談をして、まっすぐ帰ってくるのが一応建前だけど、人間だからちょっと一服もしたくなる。一社目では、そうしていたんです。営業のついでに古本屋に寄って、レコード屋にも寄って、カバンに隠すように三〇センチのLP盤も買ってくる。そんな息抜きの数々も、なにしろ誰の了解も得ずにやっているので、やましい気持ちが積もる一方で……。「あいつ帰りが遅いな」と上司はわかっていたと思います。だから二社目では一切、息抜きはしませんでした。ともかく時間を詰めて、一社目では客先を四、五件まわったら切り上げていたところを、一〇件以上まわるようにしました。でも、そんなやり方は続かないんですね。

当たり前の仕事をやめてみる

――この時期、豊田さんは勤務先の仕事と並行して、フリーで本の編集も一冊手がけていた。前職のレコード会社の創業会長だった日暮泰文氏の『のめりこみ音楽起業』(同友館)の原稿を繰り返し読むうち、自分もなんとかやれるんじゃないか、という気持ちになった。一緒に出版社をつくろうと盛り上がった友人との話は、その後うやむやとなり、ひとりで土曜社を立ち上げる。会社員時代の自分の働き方を振り返りながら、自分らしい働き方を模索している。

最初は、出版二社の営業で培った経験とノウハウを、すべて活かそうとしていました。刊行前にプレスリリースをつくって、記者クラブに投げ込む。本ができたら書評に載せてもらえるよう、媒体に依頼する。やれることは全部やろうと。今はやり方を絞って、前ほどはやりません。「Less is more（より少ないことは、より豊かなこと）」という考え方がありますよね。土曜社の本は帯もなく、カバーもなくしつつあります。「モノではなく、ストーリーを売れ」といった風潮が強まるにつれ、世の中に物語があふれて少し鬱陶しい。もちろん、人目につくところまではもっていきたいですが、本にはもともとストーリーが備わっているんだから、宣伝は出しゃばりすぎないようにしています。その意味では書店と著者の両方の力を借りて、本を売っていることになる。書店や著者からすれば、出版社としての営業努力が少ないことになるので、そこは申し訳ないと思うんですが。

この本屋が平積みしてくれるなら、向かいの本屋も平積みしてくれるはずだと、営業先はどんどん拡大していくわけですが、それをはじめたらきりがない。仕事という名のもと、見せかけだけのために、やっている部分も多いのではないか。著者の手前とか、あげくは社長の家の近所の書店だからとか。やればきりがないうえに、「やめようよ」と、誰も言いだせなくなっているような気がします。ワンマンとされる社長ですら、自分の会社を思い通りにできていないのではないか。「明日は雪だから休もうぜ」と言える社長がどれだけいるだろう。社長すら不自由な会社で、いったい誰が自分の思いを実現できるんだろう。みんな不自由で、誰のための会社なのかわからない。

子どもの頃、アイドルは親の死に目にも会えないと聞いて、そんなすごい仕事があるものか、と

世の中の厳しさを想ったものです。人って事大主義で、物事を大げさにとらえてしまう面があると思うんです。つい「仕事だ」なんて、言い訳を口にしがちだけれど、それってカッコ悪いことじゃないか。そこで僕は極力「仕事」という言葉を避け、せめて「作業」と言っています。作業をやるために、人と会えないことはあるかもしれない。でも、なんでも仕事を最優先してしまう我々の世代は、おかしいんじゃないかとも思う。

「出版社かくあるべし」とされていること、「出版とはこうだ」と思い込んできたことを、ドシドシ「やめてみよう」という意識があります。ある程度、いい加減なところがないと続かない。それが、前職の仕事を通して抱いた思いです。サイトで本の紹介をやたら丁寧にしているのも、「やめよう」の発想のひとつ。つまり、みんなに売ろうと思っちゃダメだと。読者対象をごく狭く限定してとらえているためです。一軒でも多く書店へ出かけて売り込みをするより、そのエネルギーのかけ方を変えてみる。それなら、なんとか自分ひとりでもやれそうだと思って。

――立ち上げ三年目、資金がピンチになり、新聞社で校閲のアルバイトをして急場をしのいだこともあった。五年目を迎えた今年、刊行点数が一〇冊を超えたあたりから、多少楽になってきたと感じている。

一〇冊をひとつの目標にやってきました。やっと本が揃ってきた、という実感があります。既刊本の売上げがベースにあるから、新刊をしゃかりきになって出さなくてもいい。時間にもちょっとずつ余裕が出てきた兆しがあります。ところが、空いた時間をなにに使おうかと思ったら、なにもすることがないんですよ。本来なら、もっと本質的な何事かに時間も力も注げるわけですが、案外、なにをするわけでもなく、読みたかった本を読むわけでもない。

会社にいたときは、日中、移動のときにしか自由な時間がなかったから、電車で本を読むのが当たり前になっていたけれど、今は、いかようにも自分の時間が組み立てられる。やりたかった読書を存分にやればいいはずなのに、そうでもないんです。もっとできるのに、やっていないことがある気がしている。

例えば、お金をかければ効率化できることが、まだまだあるはずなんです。だけど、そのぶんのお金を惜しんで、あえて時間をかけてやっている作業もある。本来、企業はお金も時間も、ぐるぐる回転させて稼ぎますよね。そこを今は、投資して回収して、投資して回収して、というサイクルを、どこまでゆっくり長く続けられるかを試しているような状態です。

個の活動の副産物として本がある

――豊田さんは、いろいろな「やめる」を実践しながら、「いい加減にやる」ことを意識的に取り入れ、自分なりの働き方の「良い加減」を探っているようだった。

土曜社の一作目に豊田さんが選んだ、大杉栄といえばアナキストの代名詞。過激なエピソードばかりが目につく思想家と、始終、穏やかな物腰の豊田さんとはずいぶん印象に開きがある。だが、よくよく考えると、管理された会社勤めから、自主管理する起業へ向かうことも、一種アナキズム的な行動と呼べそうだ。アナキズムの個人主義や自由主義の背景にある考え方を、ふだんの働き方に取り入れ

ると、どんな会社が実現できるのか。豊田さんは、他人に迷惑をかけない範囲で実践してみるために、自分ひとりの会社をつくったように思える。

大杉栄の本を最初に選んだのは、大杉栄なら本を出しても許してくれそうな気がしたんです。彼の言葉に「思想に自由あれ。しかしまた行為にも自由あれ。そしてさらにはまた動機にも自由あれ」とあるんですよ。僕が出版社を起こした動機は不純だった。つまり、いい本を読者に伝えたいという思いが最初にあってしかるべきなのに、会社勤めも嫌だ、営業も嫌だ、という自分のわがままからはじまっている。非常にいい加減な動機なんですけれど、そのいい加減さも含めて、大杉栄本人も、大杉栄を読む人も、許してくれそうに思えた。本は著作権が切れていて、岩波文庫にも入っていますし、あえて自分が出さなくても、という後ろめたさもあったんです。本来、許可は必要なかったんですが、幸いにも大杉栄の甥御さんの大杉豊さんと連絡がとれ、背中を押された気持ちになって。

大杉栄が想い描いたのは、「自由で愉快な社会」。「自由」って、と

右から
『自叙伝』『獄中記』『大杉榮追想』
すべて大杉栄／著

ても難しい言葉だと思います。僕はまだ考えが足りないから「自由がいい」なんて簡単には言えない。だけど「愉快」なことはよく知っているから、「愉快なほうがいい」とは言える。「自由な社会」までは求めないけれど、「愉快な社会」はいいな、と思っているんです。

たしかに思想面では大変な人物だと思います。自分にはとても、あんな生き方はできないですが、大杉栄には愉快な側面もたくさんあったんですよ。ひとつ例をあげると、大杉栄が同志たちと機関誌を出そうと奮闘していた頃、発行所を置くのに都内よりも保証金が少ないという理由で、一時期、神奈川の逗子に住んでいたんです。その機関誌がたびたび政府に差し止めをくらって、窮地に陥っていく。それでも明るさを失わず、沖縄から出てきたばかりの若い同志と意気投合して、夏の間、逗子の海岸で海の家をやろう、そこでアイスクリームを売りまくろう、と企てたりするんです。憲兵隊に虐殺されて、最期こそ凄惨なかたちで迎えますが、決して人生のすべてを歯を食いしばって生きたわけではない。どこか朗らかで、のびのびとしたところもあったんだ、と感じて。僕のなかでは、大杉栄は愉快な人なんです。

「なぜ、大杉栄なのか」とは、ひとことでは十分に語れない。本の一義的な接点は、著者と読者であることを考えると、土曜社という出版社の存在は、極力透明なほうがいいと思います。でも、土曜社が出す本から、なにかを感じてくれる人がいたら、しめたものではありますが。

――大杉栄本を刊行した出版社という理由で新たに企画提案を受けたり、豊田さんの提案に同意してくれる著者も現れた。「現代のアナキスト」とも言える、坂口恭平もそのひとりだ。

大杉栄をはじめ、復刊や翻訳ものが中心でしたが、同時代に同じ日本に生きている人の本を出すのも、おもしろいと思いはじめて。ずっと、生きている著者とは付き合うまいと思っていたんです。例えば、著者から期待していた原稿が出てこなかったとき、編集側としては「ここは、こうしたほうが」と意見を出して、いい方向にもっていくべきなんでしょうけれど、僕にはそれはできないんですよ。そんなことを言い合っている暇はない気がする。こちらが引き出さないと出てこないようなものは、要らないとも思っていて。坂口さんの場合は、自身の内側から出さざるを得ないものをちゃんと出してこられるので、その困難は感じないんです。

土曜社としては、書き手の「個としての態度」を一番に尊重したい。書かれたものより前に、その人物の行動が先にあるべきで。坂口さんは今でこそ、書き手としての印象が強いですが、彼が本

当に行動的になっているときは、とにかく走り回っているからものを書かない。その意味では、僕は坂口さんを作家とはとらえていないんです。それぞれ人は自分のやりたいようにやって、こちらもそれをいいと思えば、本を出させてもらえばいい。個の活動の副産物としての本が出せればいいな、と思っています。

ただ、坂口さんの周りには、僕のほかにも何人も編集者がいて、坂口さんと共同作業ができる編集者もいる。その点では、自分は力が足りていないな、と思います。やっぱり人間って、誰かと共同作業をする喜びがあるから、著者にとっては共同作業のできる編集者のほうがいいはずなんですよ。きっと、自分でも気づいていない発見もあるでしょうし。僕との本づくりにはその喜びはないかもしれない。

『坂口恭平のぼうけん』
坂口恭平／著

――土曜社では坂口恭平の本のほかに、二枚のCDを出している。豊田さんにとって坂口氏の一番の魅力は、「歌を歌えるところ」と話す。

たぶん坂口さんに歌がなければ、一緒になにかやりたいとは言わなかったと思う。もちろん、坂口さんの言う「ゼロ円生活」の発想に共感したことがはじめにありますが、書くだけ、夢想するだけなら、ほかの人でもできると思うんですよ。坂口さんは書いたことを歌に乗せて、人に伝えることができる。さらに次の行動へとつながっている。そこは圧倒的な魅力です。
土曜社で出した最初のアルバム『Practice for a Revolution』には、〝坂口総理が「生き延びるための歌」を歌う〟というサブタイトルがついています。人に伝えてなんぼ、といったショーマンシップな発想ではなく、鳥が啼くように、やむにやまれず歌っているんだ、と。

土曜社をはじめたことで、僕も人に会いやすくなったし、自分の名前も覚えてもらいやすくなりました。その意味では、自分が自分らしく「生き延びるため」の出版活動と言えると思います。ただ、著者の場合はやむにやまれぬ表現衝動があって、「生き延びるため」に表現するわけですよね。そのうえ出版社までもが「生き延びるため」に本を出すのだとしたら、買う人にとって負担は小さいほうがい

『日本脱出記』
大杉栄／著

坂口恭平 CD
『Practice for a Revolution』

「『日本脱出記』で大杉栄が娘へささげた詩“魔子よ魔子よ”を坂口さんが曲にしてくれて、本を手にとってくれる人も増えました。生きている喜びを感じさせる名演です」（豊田）

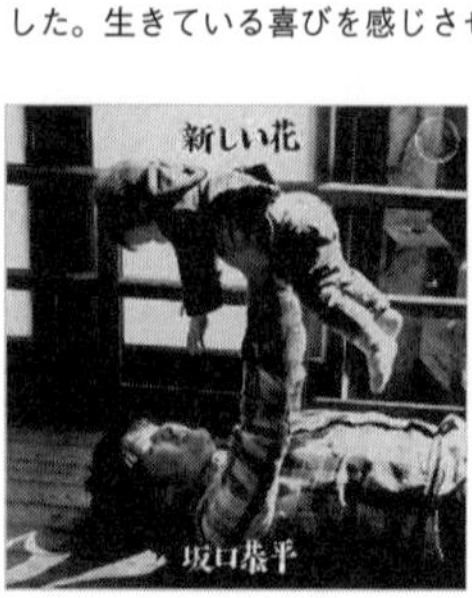

坂口恭平 CD
『新しい花』
ジャケット写真は冒険家、石川直樹による。
「このアルバムで坂口さんは表紙でも裏面でも寝そべっている。聴き手もごろんと寝転がって聴いてほしい」（豊田）

い。今の土曜社は、「生き延びるため」に本を出している状態ですが、極力ひとりで、あまり食わず、モノも持たず、身軽にしているから、この値段でこんな企画も成り立つんです、というあり方がまっとうな気がするんですよ。

一方で、やるべきことが本を出すことだけでいいのか、という気持ちもある。学生の頃、反面教師みたいな同級生がいたんです。先生がわからない問題を出すと、「すみません、もっと本を読んできます」と答える。なんでも本が解決すると思ったら間違いで、その場でなにも解決しようとしなくなってしまう。今の自分もそういうところがあるかもしれない……。自分で考えて行動するより、本を読んでるほうが気楽なのは確かですから。ちゃんと著者が考えて、編集者も考えてつくったものだから、それに沿って自分の頭が流れていけばいい。もちろん、ほかのメディアに比べれば、まだ本は、わざわざ書店に出かける手間も含めて、受け身ではない部分も残っていますけれど。

自分にとって、人にとって、より大切ななにかが見つかって、要らないものを「やめる」ことで、そちらに時間を割けるなら、それが一番いいと思うんです。僕の場合、まだそこには行き着いていない。

もっと「愉快」に働くには？

——「高校生時代、壁に貼り出された全国模試の順位を眺めるのが意外と好きだった」という豊田さん。数字を見るのはもともと好き。「自分のいる位置が気になるほう」とも話す。「男性だからかもしれないですが」と前置きするが、立ち上げ五年目とは、そんな時期なのかもしれないと思った。土曜社は今、最初の過渡期を迎えている。

今、出版社の順位を計るなら方法がふたつあると思うんですよ。ひとつは帝国データバンクによる売上げ順位。全国に二五〇〇社くらい出版社があって、土曜社は下から数えたほうが早いですけどね（笑）。もうひとつはツイッターのフォロワー数。昔から雑誌で人気出版社ランキングなどはありましたが、今、出版社を人気で計るならツイッターのフォロワー数かな、と。そのくせ自分は、あまり努力していないんですけれど。

ツイッターで誰かが土曜社の本のことを、つぶやいてくれるのを見るとうれしいですが、なんだかSFの世界みたいで現実感がないですね。それよりも目の前にいる人が「あれ読んだけど、よかったね」と言ってくれるほうが、たまらないだろうな……。

先日もある刊行イベントで、親しい出版社の編集長がスマートフォンをずっと操作していて、あとで聞いたらイベント中、五〇回もつぶやいてると言うんです。「それくらいやらないとダメだよ」なんて言われて。ツイッターはフィードバックも得られますし、宣伝のためにはいいと思います。僕も利用していますけれど、できればやめたい。目の前でなにか起こっているときや、話している相手がいる前で、とてもそんなことをやる余裕はないから。でも、できるビジネスマンとされる人はそうしているんですよ。メールが来たら即レスで。僕は嫌だな。

土曜社の本

イアン・ブレマー
ジョセフ・ナイ
ハビエル・ソラナ
金田秀昭
クリストファー・ヒル

世界は考える

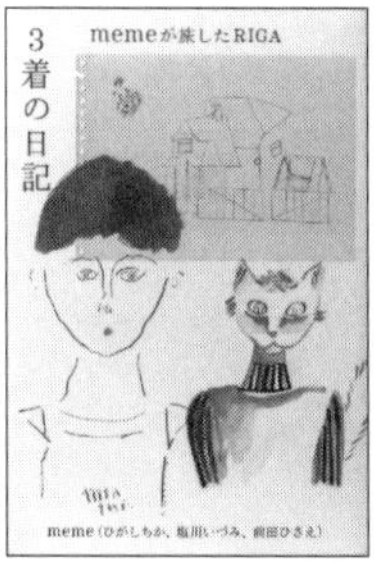
memeが旅したRIGA
3着の日記
meme（ひがしちか、塩川いづみ、前田ひさえ）

PROJECT SYNDICATE
世界論

PROJECT SYNDICATE
混乱の本質
ジョージ・ソロス
土曜社

熱意は通ず

COWBOY
KATE
&
OTHER
STORIES
Sam Haskins

悲劇ヴラジーミル・マヤコフスキー

ズボンをはいた雲

戦争と世界

ANOTHER TRAVEL GUIDE RIGA
リガ案内

PROJECT SYNDICATE
LOSS OF ORDER
秩序の喪失

僕たちには「本」という、ちゃんと伝えるメディアがあるんだから、そこまで必要には思えない。深夜のNHKのニュースで、ずっと画面の脇にTwitterを流しているの、あれひどいですよね（笑）。テレビが自己否定するかのような。でも、それは大きな会社こそ反省すべきことであって、小さな会社があるものをすべて利用するのはありなんでしょうが。ソーシャルメディアの利用者がどんどん増えていますが、みんなが大量にフォローしはじめたら、とても全部は見きれない。遅かれ早かれ、誰も見なくなる。早くそうなってほしいです。

――時代や周囲の動きに目を配りつつも、安易に追従はしない。ひとり出版社には大事なバランス感覚かもしれない。豊田さん

に、今後もひとりでやっていくのかどうか、たずねた。

やっぱりひとりでやっていると、小さいままなんですよね。以前、うちに持ち込まれた企画が、他社で三〇万部を超えるヒットになっているそうです。そのテーマについて、僕自身に関心がないのに出せないという理由で断ったんですけれど、ほかにスタッフがいれば、「誰か、やりたい人いる?」と検討することもできたかもしれない。その意味では間口が狭いと感じます。

土曜社と社名を掲げておきながら、ひとりしかいないのも、ちょっと変ですよね。会社なのにひとり。豊田社としておいたほうが、まだ素直だったのかもしれないですけど。表向きにはスタッフが何人もいて、知恵が集まっているふうに見せたいじゃないですか(笑)。それに豊田社に違う名字の人が入社するとなったら、その人、かわいそうですしね。

ひとりだと、働く喜びは少ないんですよ。誰かと一緒にランチすることだって、週に一度あるかないか。今のところ、あまりにも厳しい現実に直面しているし、給料も払えないから明言はできないけれど、もし、いつか条件が許せば、誰かと一緒に働きたい気持ちが少しずつ出てきています。そのほうが、今よりも「愉快」に働けるのかな、と。

●土曜社 https://www.doyosha.com/

十年また十年――豊田剛●土曜社

相変わらず、である。

世相は移っても読書の快楽は不変。土曜社も、本をつくり、知らしめ、売る――このくりかえしである。山なく谷なく、特段の成果も語るべき逸話もなく、本をめぐる雑事雑念に日を消すばかり。

変化といえば、渋谷・代官山の三階から江東区有明の十二階に引越した。

「読書は高殿《たかどの》がいい」という。「閉めてある門を叩く訪客がないし、来てもその音が聞こえない」ともいう（安岡正篤《まさひろ》『酔古堂剣掃《すいこどうけんそう》』より）。

路面に店をかまえて同時代の梁山泊たらん、との夢も今はむかし、鶏も犬も鳴かない十二階で門を閉じ、羽田にゆきかう飛行機をよそに、復古懐旧、遠く江戸のむかしを思っている。

創業十年、全九十六点が世に出、売上累計八万三四五五冊。総売上高は一億七千万円になんなんとす……。というと一見立派だが、無論そんなわけもなく、年次にせよ月次にせよ時間で割らず、足し算に徹するかぎり数字は減ることなく積み上がる。返品率も重版率も昨年比もほとんど見ることがない。

在庫は六万冊弱、金額にして九千万円あまり。在庫回転率のような分析もあえてせず、畳八帖、高さ天井にせまる十トン弱の量感を、書き手から読み手に届くべき、土曜社の焼き印《イヤマーク》入り金塊、と感じていれば足る。

大きな黒字も大きな赤字も出たことがない。古来、剣の奥義は相討ちにありというが、商売も収支トントン、売れる本あり売れない本あり、それでも最後に帳尻をあわせる商売のおかしみを感じていたい。売れない本が続いても心しずかに眠れるだけは貯めておこう、と願うのみ。

この都会には「土曜社・求人」と検索する奇特な方もおられるようで、協力してくれる編集者もできた。一冊まるごと本作りをおまかせし、上がった利益を山分けの悪代官……。小規模独立の利を保ちつつ、協業の仕方をためしている。

各地に得意先が増えたことも心強い。七掛委託の条件で、五十あまりの書店と直取引させていただいている。取引明細をつづった大福帳さえあれば商売をつづけられるのは今も昔も変わらない。

――企業から家業へ。

この流れが大河にならずとも、土曜社はまた十年、規模をちぢめて寿命をのばし、どこか長閑《のどか》な田舎をみつけて、年季ものの大杉栄をひっそり売りつづけているような気がする。

魂の声をかたちにする
光射す書物をめざして

港の人・上野勇治

minatonohito yuji ueno

一九九七年、神奈川県鎌倉市で立ち上げ、もうすぐ二〇年目を迎える港の人。詩と学術書をおもな柱に、独特の存在感を放つ本づくりで知られる小さな出版社である。細くとも確かな歩みで重ねられた実績とは裏腹に、不思議とここ一〇年ほどの間に時代の息吹を受けて立ち上がった、小さな出版社と近い空気感がある。その秘密は、出版社らしからぬ社名の由来にありそうだ。さっそく代表の上野勇治さんにお会いすべく、鎌倉駅を降りた。にぎやかな通りを抜け、あたりが静かに落ち着いた頃、オフィスが見えてきた。

ふたりの若者とともに

毎朝、海を見ながら自転車で仕事場まで通っています。終電を気にせず、仕事をできるのがいいですね。鎌倉にはもう二〇年以上住んでいます。それまで片道約二時間かけて、東京の出版社へ通勤していたので、新しい事務所はいろいろな効率を考えて自宅近くにしました。家賃が安いこともありましたが、東京でなくては不利だという考えもなかった。たまたま鎌倉になったわけだけど、気持ちよく集中して仕事に取り組める環境が、僕にとっては大切なことでした。海風を感じられるし、すぐ近くに山もあって流れる時間もゆったりしている。また鎌倉は、川端康成や高見順、里見弴《とん》など〝鎌倉文士〟と言われた作家たちが暮らし、古くから文学や芸術が親しまれている町です。そういう文学の気配を常に感じていられるのもいい。東京にも一時間くらいで行けるし、本づくりの環境として、僕は気に入っています。

――前職は、学術出版社の編集者。勤めて一〇年ほど経った頃、営業にいた後輩ふたりから、独立して自分たちの出版社をつくろうと誘われた。それまで考えもしなかったことだったが、若者の勇気におされ心が動いた。そうして港の人は、鎌倉の住宅街の古アパートの一室でスタートした。狭い仕事場で男三人、額を寄せ合って「僕たちになにができるか」と熱く語り合い、苦戦する日々だった。

僕が四〇のとき、彼らは二五、六だったかな。新しいことをはじめるなら、体力も気力も要るだろうから、今が最後のチャンスかもしれないと考え、「じゃあ、一緒にやろう」と意気投合して。無謀なことをしようとしている自覚は当時もあったけど、やはり向こう見ずだったんですね(笑)。営業のふたりのうち、ひとりは事務所に住み込み、もうひとりも月曜から金曜まで泊まり込んで、交通費などの経費を節約した。六畳の部屋に机を三つ並べてね。昼食はご飯を炊いて、三人でちゃぶ台をかこって食べていた。文字通り、同じ釜の飯を食った仲間ですよ。

学術書は一般書と違って、読者対象は研究機関、研究者に限られます。だから発行部数は限定されますが、その学際分野の基本文献となるものや、研究動向のニーズにあった学術書は求められます。大学図書館や研究機関、研究者への営業で売っていくため、取次を通さなくても直接エンドユーザーに届けることが可能なんです。逆に言えば、当時、取次へのハードルは今よりもっと高かったから、なんの後ろ盾もない無名の出版社である僕たちが、取次を通して書店に流通させる一般書を手がけることは不可能だったんです。

三人が食っていくためには、まず学術書をつくり、売っていくことでした。当時、日米ガイドラインが発表され、その是非をめぐって議論が盛んでした。日本の有事を考え、日米防衛協力の問題を深く理解するための資料集をつくることを、知人の軍事研究者と企画したのです。資料を収集して、編集も営業も関係なく三人で全五巻、総二三〇〇ページ分の版下づくりを少しずつ進めたんですが、印刷製本をまかなう資金が手元になかった。資本金の三〇〇万円からは、三人分の給料を出していかないといけない。そこで、よその出版社の仕事を請け負って、経済を維持していくことになりました。ありがたいことに、朝日新聞社の学術書をつくる仕事をもらえたので、七、八ケ月間築地の本社に通って、学校保健関係の学術書を編集制作しました。東京への通勤に疲れて鎌倉で出版社をはじめたのに、その会社のために東京へ通うとは皮肉な話ですが、その仕事で得たまとまった額の報酬を、印刷製本費にあてることによって、日米ガイドラインの資料集をやっと出すことができたんです。

この編集を進めながらも、わが社の記念すべき第一作になった書物は、横光利一研究で知られる日本近代文学研究者、保昌正夫先生のエッセイ集『川崎長太郎抄』です。前の会社にいた頃から、保昌先生には親しくご指導いただき可愛がってもらい、新しい会社をつくったら、一番に本を出そうと背中を押してくださった。会社を立ち上げたとき、材木座海岸でささやかな創立記念パーティを行いました。スピーチをお願いした保昌先生から、「小さくとも志をもった版元であれ」という励ましのメッセージをいただいたんです。このお言葉は胸にこたえ、今でも港の人の拠りどころになっています。保昌先生には続いて『和田芳恵抄』という、渋くて滋味豊かな本を出させていただいたり、ほかの仕事でもご一緒させていただき、多くのことを学びました。

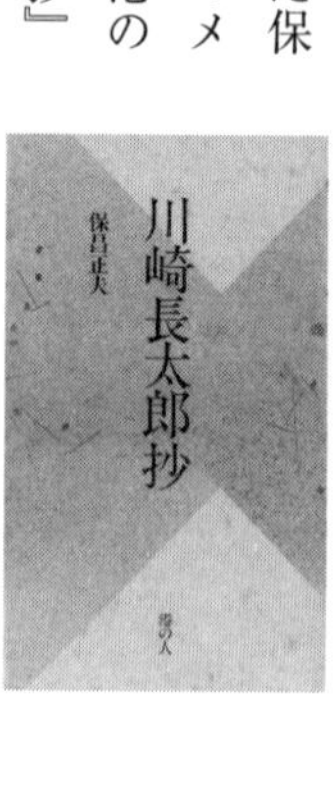

『川崎長太郎抄』保昌正夫／著

——学術書と並行して文芸書や詩集を出していく、今の港の人のスタイルは、設立時から自然にできあがっていった。だが、三人での体制は長く続かなかった。

文芸書や詩の本を出すことは、僕の強い希望でした。詩を熱心に読みはじめたのは大学生の頃からでしょうか。人生の折々で、詩の言葉、文学の言葉に力づけられてきた実感が僕にはあって、だから、自分もそういう本をつくりたいという気持ちがありました。詩集や文芸書がなかなか儲けにつながらないことはわかっていますが、つくらずにはいられなかった。

日米ガイドラインの資料集も、続けて出した学術書のいくつかも、まずまずの成果があったんです。でもそのペースを保っていくことができず、次第に息切れがしてきた。七年間、三人で一緒に頑張ったんですよ。とにかく会社の基盤ができるまでは、夢に向かっていくための助走だと思って、安い給料で我慢してやっていたけれど、なかなか業績が伸びなかった。日中は編集の請負仕事をこなし、夕方からは港の人の仕事というふうにして食いつないできましたが、いよいよ、なんらかの決断をしなくてはならない局面へ来てしまった。そこで、もう一度、自分たちの人生を考え直そうと三人で話し合ったんです。彼らは当時三〇を越えたくらいで、まだ若いからやり直しもきく。僕自身は、ここに踏みとどまって本をつくり続け、彼らには新しい人生を歩きはじめてもらうことにしました。

小さな出版社は、昔からたくさんの前例があるし、岩田書院さんみたいなすごいひとり出版社だってあるわけだから、時期が早すぎたとは思わない。単に力が足りなかったのだと思う。でも、本当に潰れてしまう前に決断できたおかげで、退社したふたりとは、今もときどき会って楽しく呑んだりしている。ありがたいです。

――二〇〇四年より、港の人は上野さんひとりで再スタートした。日々の仕事の内容は必然的に変化したが、本づくりに大きな変化はなかった。それまでやってきたようにコツコツと「一冊ずつ本をつくっていくことしか、できることはなかった」という。

学術書と一般書の二本柱でやってきたことがよかったと、僕自身は思っているんです。学術書に関していえば、日本語学、教育学、児童文化などの研究書を少しずつ積み重ねてこられた。応援してくださる研究者の先生方のおかげです。この支えなくして、港の人はここまでやってこられなかった。本当にありがたいことです。

一般書に関しては、二〇〇二年より先輩編集者である村山恒夫さんが営む新宿書房に発売元になってもらいました。村山さんは僕が二〇代のうち

から、編集の仕事で大変お世話になった方です。港の人を立ち上げてからは、出版社の運営の仕方も、村山さんから多くを学びました。一般読者を対象とした単行本の企画も少しずつ増えてきたのですが、書店に置いてもらえないのが足枷になっていました。そこで、取次を通して書店に並べてもらうため、村山さんにお願いしたんです。

僕が手がけた詩集や文芸書などが書店に置かれ、読者の手にとってもらえるようになったのは大変うれしかった。そのなかには作家、吉行淳之介の妻で、それまで決して表に出てこようとしなかった、文枝さんが初めて書いたエッセイ集『淳之介の背中』があって、かなり話題になったんです。少しは実績もできただろうということで、大手取次に申請に行ったんですが、まったく相手にされませんでした。それは悔しい思いをしましたよ。そんなこともあって、しばらく取次には行かなかったんです。でも、刊行点数が増えてくると、清算も煩雑になるし、返本の管理問題もある。そろそろ発売元もこちらでやらないと、新宿書房さんに迷惑がかかると思っていたところに、神田神保町にある取次のＪＲＣ（旧称・人文・社会科学書流通センター）さんを紹介してもらったんです。おかげで、二〇〇七年からは、詩集や文芸書も港の人の発行発売で、全国の書店で展開できるようになりました。

詩や文学は、本質的にはより人間的な部分、生と死にまつわる「魂の表現」だと考えています。とくに詩は、魂のことを短い言葉に凝縮して、直接的に表現するという意味で、ほかの文学とは違った位置にあると思います。だから、詩集、歌集、句集などの仕事は、魂の声をかたちにする特別な仕事だという気がしていて、大事にしていきたいと思っているんです。

白線の外側を歩いた詩人・北村太郎への想い

――社名の「港の人」は、戦後詩を代表する「荒地」派の詩人、北村太郎の詩集のタイトルからつけた。生前に親交を深め、上野さんの人生に大きな影響をあたえた人である。亡くなって二五年経った今も、敬愛の念は増すばかりだという。創立一〇周年の年には、単行本未収録の詩とエッセイを集めた『光が射してくる』を刊行した。

詩集『港の人』は、読売文学賞を受賞した北村さんの代表作のひとつです。社名に頂戴したのは、音の響きがよかったし、海に近い場所にある出版社だからと、単純な理由からでした。ときどき「港の人社」と呼ばれることもありますが、僕としては「港の人」なんです。「社」という団体組織としてよりも「個人」としてありたい、という気持ちが強いのかもしれません。変わった社名なので、他人がよく覚えてくれるという単純なメリットもありますが、「この社名に恥じることはしたくない」という基準が自分のなかにできたことが、僕自身にとっては一番大きいように思います。会社をつくるときには、すでに北村さんは亡くなられていたので、直接ご本人に承諾を得ずに使わせていただいているわけです。あの詩集のタイトルを名乗っていることへの責任を、心のどこかでいつも感じています。

北村さんと最初に出会ったのは、僕が二五歳くらいのときです。朝日新聞社に勤めていた北村さんが、恋愛事件をきっかけに会社を定年の一年前に辞め、家庭を出て横浜で独り暮らしをした時期。北村さんの人生での波乱のときでした。と同時に、晩年に多くの詩集を出し、北村さんが詩人としてもっとも充実した時期を迎える、そのはじまりの頃でもありました。

『港の人』北村太郎／著　思潮社

朝日新聞で長年校閲をしていたくらいですから、知識も教養も常人離れしていた。実際いろいろなことを教えてもらいましたが、ふだんはそんなことをおくびにも出さない。偉そうな態度は一切しない方でした。ジーパン履いて、ズタ袋を持って、「金がないよ」なんてことを全然カッコつけずに平気で言う、清々しい人だったんです。近くにいるだけで心が満たされ、自然と頭が下がるような感じでした。僕は近所に住んでいて暇だったたし、横浜球場へ一緒に野球を観に行ったり、大晦日はホテルニューグランドで、コーヒーを飲みながら年を越すと言うのでついて行ったりね。

そのうち、北村さんが重大な病気であることがわかったんです。その頃も相変わらず近所に住んでいましたけど、僕は結婚していて子どもが生まれたばかりの頃でした。明るく振る舞う北村さんをみんなで心配していたら、すぐ隣のアパートが空いたので「一緒に暮らしませんか？」と声をかけたんです。北村さんは「じゃあ世話になるよ」と引っ越して来て、それから、朝起きたら二階の窓越しに「ヤッホー！　元気？」なんて挨拶をして、一緒に夕飯を食べたりする毎日がはじまりました。僕と同世代の仲間が近所にいて、北村さんからすれば二〇も三〇も年下だけど、一緒にキャッキャと楽しんでいた。僕の子どもをあやしてくれたり、みんなで一緒に鍋をつついたり。北村さんが鎌倉へ移るまでの約一年間でしたが、僕にとって、かけがえのない想い出の日々なんです。

――日本語を長い伝統のしがらみから解き放ち、自由な新しい言葉の世界をつくった「荒地」派。鮎川信夫、田村隆一らが先鋭的な活躍を続ける一方で、北村太郎は「〝荒地〟の意義をずっと考え続け、もっとも粘り強く詩に向き合った詩人ではないか」と上野さんは語る。ひとりの人間としての北村太郎さんから得たものと、詩人・北村太郎が遺した作品。港の人の中心には、その双方があるのかもしれないと感じている。

北村さんの詩集『路上の影』（思潮社）に「白線の内側」という詩があるんです。駅のプラットフォームで「……危ないですから白線の内側に……」というアナウンスがありますよね。そんなアナウンスは不愉快だ、大きなお世話だ、いまさら白線の内側には下がらないぞ、という内容です。北村さんの生き方は、まさに白線の外側を歩くようだった。家族は大切に思っていたけれど、家族とは一緒に暮らさない生き方を選んだ。白線の外側に出て行くことによって、自らの詩を獲得した。それがどんなに厳しいことだったか、直面するのにどれほどのエネルギーが必要だったかを考えると、本当にとてつもないことだと思います。僕にはとても真似できないけれど、その北村さんの姿勢をいつも忘れないでいたいと思うんです。

目指す一点がつかめる一瞬まで粘る

――港の人の刊行物といえば、造本の美しさが特徴だ。趣向を凝らした装丁や活版印刷を用いた端整な詩集、プロダクトとしての本の可能性を追求した『きのこ文学名作選』、『胞子文学名作選』も記憶に新しい。その一方で、東日本大震災以降、帯をはずすことを決めた。

造本装丁にこだわっているとよく言われますが、デザインのよさを会社の売りにしようと考えているわけではなく、ただ自分の気持ちに素直にやっているだけなんです。もちろん、予算の事情から実現できないこともたくさんありますが、逆に、大きな出版社では難しいことでも可能になることは多い。リスクがあっても、自分で引き受ければいいだけのことですからね。

活版印刷は出版文化の隅っこにいる一員として、これま

『きのこ文学名作選』
飯沢耕太郎／編
初版三〇〇〇部限定で、今は品切れ。

「なかでも八木重吉の詩のページはすごいよ。タイトルを入れても5行の詩に黒いページを23ページも使っているんです」（上野）

『胞子文学名作選』
田中美穂／編

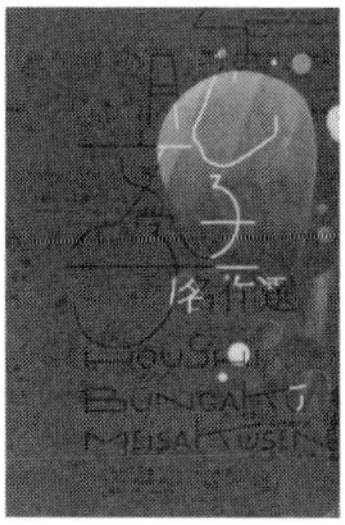

「ロウ引きでヌメっとした感触やでこぼこした紙などで、胞子の存在感や苔の質感を表現しています。紙ならではの本ですね」（上野）

『光が射してくる』北村太郎／著

北村太郎がしまい込んでいた原稿や雑誌の切り抜きの束が偶然発見され、それらをまとめた本。没後15年に刊行となった。中原淳一の『ひまわり』『ジュニアソレイユ』に掲載された読書案内も収録。

「少女たちに優しく語りかけるようでいて、ドキッとするような鋭さや辛辣さもある。まさに北村太郎にしか書けない文章です」（上野）

『樹上の猫』北村太郎／著

未刊のエッセイ52編。カバー絵は北村太郎による。

「北村さんが自分の詩を朗読した音源が残されていたんです。それをCD化して付録にしました」（上野）

『假泊港』笹原常与／著

本文は黒、ノンブルとしおり紐だけが赤。フランス装、函入り、天アンカット（本文用紙の天面を化粧断ちしないで不揃いのままにする仕上げ）という凝ったつくり。港の人で活版印刷を使った最初の詩集。

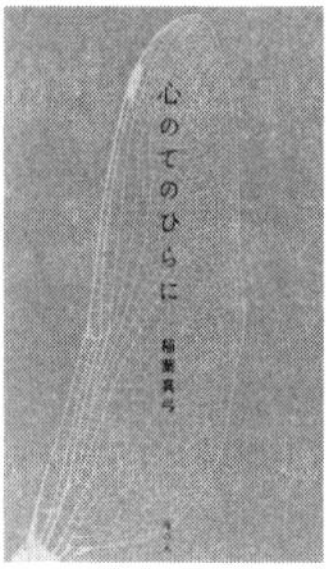

『心のてのひらに』
稲葉真弓／著

小説家としても知られる詩人の遺稿詩集。「東日本大震災の直後から書きためた詩を、2015年の3月11日までに出してほしいと、亡くなる10日前にお手紙と原稿をいただいたんです。責任も重く時間がかかりましたが“あなたがんばりなさいよ”という稲葉さんの声が聞こえるようでした」（上野）

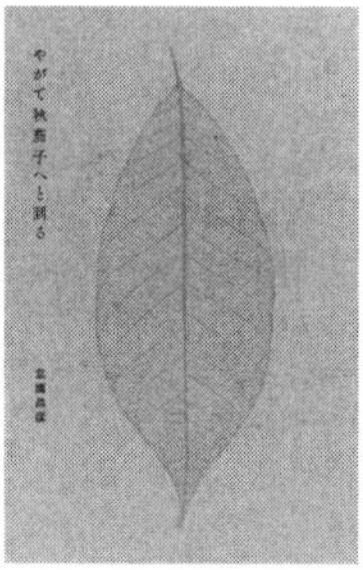

『やがて秋茄子へと到る』
堂園昌彦／著

第48回造本装幀コンクール日本印刷産業連合会会長賞受賞。

「活版印刷で1ページに一首。すべて著者のご希望でした。初版がすぐに売り切れて増刷したり、賞をいただいたり、いろいろなうれしいことのあった歌集です」（上野）

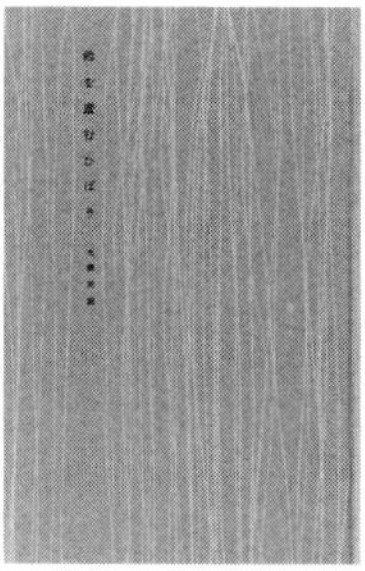

『鈴を産むひばり』
光森裕樹／著

第55回現代歌人協会賞受賞。

「本文は活版印刷です。カバーをつけなかったのは、もっと歌を率直に味わってほしいという光森さんのご希望があったからです」（上野）

四月と十月文庫

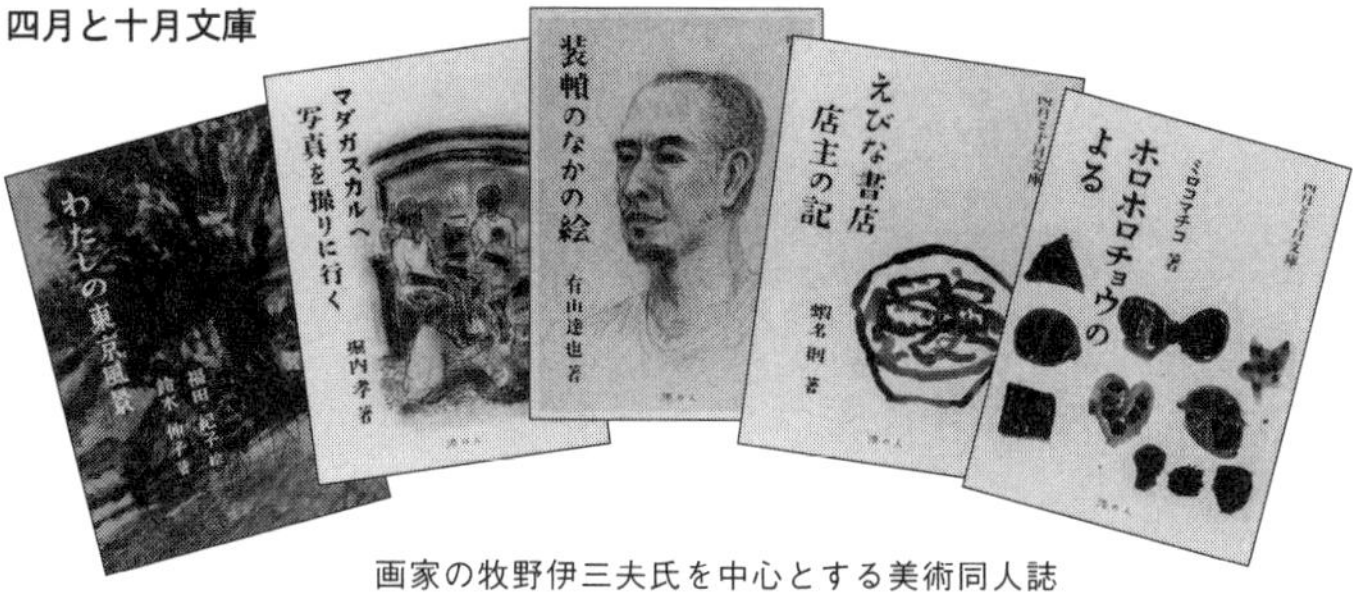

画家の牧野伊三夫氏を中心とする美術同人誌『四月と十月』での連載をまとめたシリーズ。

「文庫とは言っても、ふつうの文庫サイズではなく、ひとまわり大きいサイズです」（上野）

での印刷の歴史に敬意を払いたいし、最後の灯を消さないために、わずかでも協力できればという思いがあります。僕の気持ちのうえでは「美しさへのこだわり」というのとは、ちょっと違うところにあります。本当はもっと貢献できればよいのですが、歯がゆいです。

ほとんどの本は、装丁をデザイナーにお願いし、本文の組版は僕や社員でやっています。本文を自分たちで組むのは、もとはと言えば経済的な理由からはじめたのですが、今の僕にとっては省くことのできない大切なプロセスになっています。本文組が決まるまでは、試行錯誤の連続です。その作業を通して、これからつくろうとする本の本質がつかめる、発見できるような気がしています。そのプロセスがないと、どう本にするのかが見えないままになってしまう。これはあくまで僕自身のことであって人それぞれだと思いますが、学術書にしろ、詩集や文芸書にしろ、本の核心に出合い、それをどう展開し、読者に伝えていくかがもっとも大切なんです。僕なりの言葉で「書物の一点を極める」ということです。

帯をはずしたのは、東日本大震災のあとからです。今まで当たり前と思っていたことも、実はそうではないのだと痛感した。そのときの当たり前を疑う気持ちを忘れたくないと思い、意思表明のひとつとして帯をつけることをやめたんです。帯があるほうが売れそう、という根拠のない安心感を取っ払いたかった。そして、「書物とはなにか」「書物の姿見とはなにか」を考え直したかった。ベストセラーを多く出している出版社なら事情はまったく違うでしょうが、もともと小さな部数でやっていたわけですから、売上げへの実際の影響はほとんどないと言っていいと思います。今の僕にとっては、中味をしっかりつくるという自戒の気持ちを取り戻すため、そして、三月一一日のあの日を忘れないための「小さな旗」のようなものになっています。

出版の仕事は難しいし、日々、失敗と反省の連続です。よい本をつくっていくために、もっともっと勉強もしたい。一方で会社の経営という、まったく別な能力も求められている。会社を維持するための細かい仕事をこなしながら、本に向き合う時間をどうやって確保していくか。この悩みは大きくなる一方です。港の人をつくって以来、ただ仕事をするだけの一八年間だったとも言えるし、犠牲にしてきたことも少なくないのかもしれない。好きな仕事をしている喜びや充足感も、もちろん大きいんです。ただ、これまで港の人から本を出してくださった著者の方々はじめ、支えてくれている方々、取引のあるところなどへの責任もずっしりと感じています。これでよいのかと自問自答の毎日です。

若者の希望を支えたい

――昨年、刊行された句集『君に目があり見開かれ』は、一九八五年生まれの若い俳人の作品集だ。鮮やかな黄色のソフトカバーで、本文の用紙は漫画雑誌にも似たざら紙。一見して句集とは思えないカジュアルな装いである。また、表紙には「レンアイ句集」とある。俳句集の表紙にこのような言葉を入れるのは異例のことで、一部からは驚きの声もあったという。

最近意識することは、ある程度年齢のいった者のつとめとして、若い人の応援をしたいということです。これも、若い頃、自分たちと対等に付き合ってくれた、北村さんから教えられたことかもしれません。また、今まで僕が前を歩く先輩からもらってきたさまざまなことを、今度は若い人に返していきたい気持ちもあります。港の人としては、とくに、詩や短歌、俳句をやっている人たちの力になりたいです。

いま、詩集や歌集、句集のほとんどは自費出版のかたちで世に出されています。自費出版ということ自体が悪いとはまったく思わない。宮沢賢治の『春と修羅』だって、自費出版だったわけですから。ただ、そのことによって、詩集をめぐる状況が、世の中や出版界全体とは、かけ離れた場所で閉じてしまっている傾向があって、そこに、ほんの小さな穴でも開けられたら、と思います。

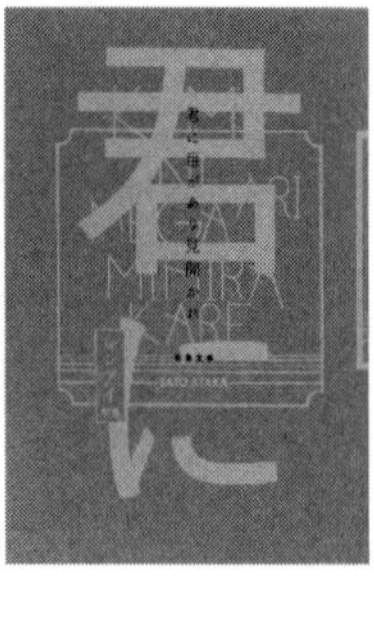

『君に目があり見開かれ』
佐藤文香／著

詩歌の本の世界には、すぐれた先達の出版社がいくつもあって、港の人は、その蓄積の上に乗っかって、自由にやらせてもらっているだけかもしれません。その点では、おこがましい言い方になりますが、意識的に外へ働きかけ、外からの刺激を受けることをやっていかないと、詩や文学の力が失われていくばかりではないかと思うのです。

『君に目があり見開かれ』の佐藤文香さんは、外に向かって出ていこうという強い気持ちをもって頑張っている人です。その気持ちを受けて、僕も編集し、デザイナーもデザイン案を出した。それをまた、佐藤さんが受けとめ、やりとりを重ね、こうしてかたちになりました。また、僕自身の意思表明として、自費出版ではなく港の人の企画として出版しました。

二〇一〇年、港の人で初めて出した歌集『鈴を産むひばり』の歌人、光森裕樹さんが、自分の歌集の出版元として選んでくれたのにも、彼なりのチャレンジ精神や問題意識があったのではないかと思います。その気持ちに応えようという思いだけでつくり、結果として、一般の歌集とは、かなり違った体裁の本になったんです。周囲には、とまどいや批判の声もあったようですが、評価してくださる方も多くいました。もちろん、すべては光森さんの作品に有無を言わせぬ力があったからこそです。でも、港の人にとって特別な本になったし、歌集や詩集を出し続けていく展望をあたえてもらったんです。

詩集も歌集も「売れない」と言われ続けています。けれども、売れないからこそ、やれることもあるかもしれない。希望を失いたくはないと思っています。港の人をはじめて何年目くらいからか、「希望の書物をつくりたい」という言葉が胸に浮かび、ときどき、口に出すようにしています。先のことはなにもわからないけれど、人々を心豊かにし、生きる希望を灯すような書物をつくっていきたいと思っています。

●港の人　https://www.minatonohito.jp/

二十四年目の春——上野勇治●港の人

おかげさまで、創業二十周年記念の年である二〇一七年には、念願かない、わが社名の由来である北村太郎さんの詩集『港の人』を装い新たに復刊しました。ひとつの到達点であり、その喜びは大きかった。新装版の初版は函入、布クロス装で一〇〇〇部、経済的には厳しいのですけど、昨年暮れに増刷しました。それでも一冊一冊旅立ち、詩人・北村太郎の詩が読み継がれていくことを願っています。そして今年、二〇二一年、二十四年目の春を迎えることができました。多くの励ましをいただき、ご縁をいただいた方々の書物をほそぼそと途切れることなく社会に問い続けてこられたことは幸いです。

港の人は、詩集という書店でもっとも売れない分野、マイノリティともいえる、もっともさみしい分野に力を入れています。年々、書店からも詩集が消えつつあります。人気がなければ、消えていくのが経済の作法にあっているのでしょう。だが、果たしてそれでいいのでしょうか？　書物の魅力や奥深さは人気の流行りすたりでは測れないものであり、社会から詩が消えてゆけば、逆にその分、社会が貧しくやせ細ってゆくように感じられ憂慮しています。一冊の詩集を世の中に問いかけていきたい。少部数であっても詩集を出していきたい。日々詩に向き合っている詩人たちの傍らに立ち続けたい。たったひとりの読者の心を震わせられればいい。このことを大切にしたい思いです。それが港の人の小さな役目になれば、これにまさる喜びはないといえます。

二〇一一年から毎年秋の二日間、港の人が主催して「かまくらブックフェスタ」を行っています。昨年は新型コロナウィルス感染症の拡大により困難な情勢で中止しましたけれど、これまで九回続けて開催。ご縁のあった出版社や古書店など十数社に声をかけ、最初は妙本寺近くの小さなギャラリーが会場でしたが、ここ数年は古民家を一軒借り切って開催しています。また毎年違う語り手の方を迎えてトークイベントも併催し、地元だけではなく、横浜や東京からも多く来場者を集めてきました。ささやかなイベントですが、読者の方々をはじめ、出版社や書店員、著者の皆さんとの思いがけない豊かな出会いをたくさんもたらしてくれました。さらに二年前からは、これまで参加くださった出版社のご協力をいただいて書店での合同フェアに発展し、「かまくらブックフェスタin書店」としてこれまで七つの書店で計十一回開催いただいています。

詩集、歌集、句集に限らず、書物の根幹には詩が宿っているのです。宿っていなければ書物とは呼ばない。このことを胸に刻みながら本づくりに精を出しています。言葉は世につれ変わっていくものですが、先人たちによって培われた言葉を涸らすことなく、次世代に渡していきたい願いがあります。苦り切った時代であるけれども、書物の希望を見失わないでおこう。「なんと／こちらは倒れそうだ／なしとげられないことはなしとげられないままに／それこそ／風にさらされていればいい／木だってなにひとつ完結しているわけではないのだ／立っていられなければ／油くさい舗道に伏せていればいい」（『港の人』より）。地上には無上の光が降り注いで魂を照らしています。そのことを書物は知らせてくれます。

スペシャル・インタビュー●詩人

谷川俊太郎

（たにかわ・しゅんたろう）

詩も出版も、時代とのせめぎあいが新しいかたちを生む

1931年東京生まれ．1952年『二十億光年の孤独』でデビュー。詩作のほか、絵本、翻訳、脚本、作詞等でも活躍。子どもが楽しめる詩集から先鋭的・実験的な詩集まで幅広い作風をほこり、世界中に多くの読者をもつ。読売文学賞、萩原朔太郎賞、三好達治賞、鮎川信夫賞、日本翻訳文化賞、日本レコード大賞作詞賞ほか受賞多数。

市場規模の小さな現代詩の世界に身を置きながら、さまざまな他の分野とのコラボレーションで、詩の裾野を一般層にまでおし広げた谷川俊太郎さん。著名になってからも、老舗、新興を問わず、小さな出版社との新しい試みに瑞々しい好奇心で臨む、心強い存在だ。半世紀以上にわたって出版界の変遷を見てきた谷川俊太郎さんは、小商い化する現在の出版社状況を、どのように感じているのか、お話をうかがった。

読者を広げていく時代は終わった

——谷川さんは、さまざまな小出版社からご本を出されていますよね。

簡単に言うと、僕は判官贔屓ってやつなんですよ。詩はもともと、そんなに大きな売れ行きのものではないから小さい出版社のほうが話がしやすいし、身近に感じられるところはありますね。今年、書きおろした二冊の詩集のひとつは、数年前からわりと親しくしているナナロク社で、もうひとつは思潮社なんですよ。どちらも大出版社ではないでしょう? 若手の出版社は丁寧にやってくれる老舗の出版社とはまた違って、こうやってしゃべってる間に本ができちゃうみたいなスピード感があるじゃないですか。その違いがすごくおもしろくて。こっちも親身になって経営を心配したりするし、大出版社にはない一体感がありますよね。小さい出版社でも、いい企画であれば参加したいし。だから僕は、大きい出版社とも小さい出版社とも両天秤でやっていて、多様な形態が今の自分を支えているように感じます。

——詩人として詩の出版社以外から、たくさんご本を出されるようになった先駆けですよね。

一時期、六〇〜七〇年代かな、思潮社が『現代詩文庫』を出したりして、現代詩が盛んになった時期があったんですよ。その頃から僕は、詩の世界をもっと広げたほうがいい、ふつうの人が楽しめる詩を書いたほうがいいと一貫して考えてきた。一生懸命、売れる詩集をつくろうとしてきたのが、今や、そうでなくてもいいんだと思っている。今、詩そのものの力がないんですよ。以前は、初版一万部だった出版社でも三〇〇〇部とかに落ちている。その規模であれば別に大出版社じゃなくてもいいんじゃないかと。時代の動きに連動して、自分自身もきめ細かく売ってもらえる出版社のほうがいいな、と変

『詩に就いて』
思潮社

『あたしとあなた』
ナナロク社

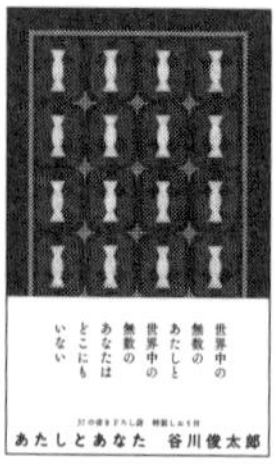

わってきているんですよね。

——刊行イベントへのご出演も、とても多いですよね。

今、本が出ると、著者がだいぶ表に出ていかないと、本が売れない時代じゃないですか。それがきついんだけれども、小出版社だと自分も出版の一員みたいに、やれるところがありますよね。著者のアフターサービスが増えたのは大出版社も同じだけれど、小出版社であれば、よけいに力になる。新聞や雑誌のインタビューのほかに、関連の展覧会を開くから一〇〇部サインしてくださいとか、バンドを呼んで音楽も一緒にやるとか。本によってはサインだけじゃ済まないところもあります。今まで原稿を渡すだけでよかったのが、そうではなくなっているのが、作者側の一番大きな変化ですね。

——一番たくさんサインをされたのはいつですか？

たぶん『マザー・グース』が一〇〇万部売れたときじゃないかな。あのとき初めて、大規模なサイン会を知ったんです。出版社と書店が共同で企画して、前宣伝して、会場には長い行列があって、どんどんサインしていくという。それまでは、好きで本を買ってくれた人に、直接目の前で「サインしてください」と言われるのがふつうだったから、すごく新しい経験でした。

——一〇〇万部達成記念なんて、今では夢のようですね。

一九七〇年代でしたっけね。それが最初だったんですけれど、その状況がどんどん拡張されてきたと言えばいいのかな。僕が最初に詩を書きはじめた頃は、現代詩の詩壇は非常に閉鎖的で、新聞に詩を書いたら「大新聞に詩を書くとは何事か」と叱られた時代だったんですよ。詩集は自費出版が当然だった。非常に少数の読者を相手にしているのが僕は不満で。その理由のひとつには生活の問題があったから。純粋に詩を書いているだけではとうてい足りなくて、読者を増やすために写真や音楽とか、ほかのジャンルと協力しながらやってきたんです。それが一〇年くらい前かな、もう読者を広げていく時代じゃないと思いはじめたのは。

現代はポエジーであふれている

――詩を読む人が少なくなったと？

詩の需要も当然減っているけれど、今、出版界を含めて、全体に情報が過剰になっていて、言葉を自分で発するのが嫌になってきているところがあるんです。売れる詩は、まったく現代詩とは関係のない詩なんですよ。相田みつをさんとか、一〇〇歳のおばあちゃんの詩とか、やなせたかしさんの漫画付きとか、わりと人生論的な詩は、ある程度売れる。現代詩と売れる詩は、また全然別だという意識も生まれましたからね。

――谷川さんが言葉を発するのが嫌となると、一大事ですね。

メディアのなかで、詩だけがわりと無口なジャンルなんですよ。詩は情報を伝えるための言葉ではないから、いくら書いても大丈夫なんじゃないかと。我々の現代詩は数百部の世界だったのが、ある程度、世に流行るようになってきて、そんなに知られていない詩人が自費出版しても一〇〇〇部売れたとか、僕の場合には、初版一万部が当たり前になっていた時期があったわけです。詩に関してはそこで、ある程度までは到達しちゃったような気がするね。ある意味、今の世の中には、詩というものが、もう薄められて散乱しているんですよ。

――詩が薄められているというのは？

日本語の「詩」という言葉には、「詩作品」と「詩情（ポエジー）」の両方の意味があるんです。「詩作品」としては、もちろん今、売れていないけれど「詩情」という点では、みんなが詩的欲求をいろんな局面で満足させている。つまり、「詩情」は風景にだってあるわけじゃないですか。観光旅行も詩情を満足させるひとつの方法。それからアニメ。宮﨑駿さんがつくるアニメなんて、非常にポエジーがありますよね。それから、うちの孫（スタイリスト 谷川夢佳さん）がやっている、アクセサリーみたいなものにも、ポエジーが基本にあるんですよね。コミックスには、もうポエジーそのものがいっぱいある。我々みたいに言葉を行分けで書いて発表する、いわゆる「詩作品」よりも、ほかの分野でみんな詩的欲求を満足させているのが、今の時代だと思うのね。

――アクセサリーが詩の延長線上にあるとは。確かに売

る際には、詩的な言葉が求められる気がしますね。

要するに、「美しい言葉」が詩なんですよ。真実を伝える言葉や、道徳的に正しい言葉である必要はなくて、非常に美しい日本語であれば、それは詩になるわけだから。「美」という点で、みんな共通している。小商いの出版社のなかにも、非常に限られた美しいものだけを出すところだってあると思うし。詩も手仕事的な、一種、民芸的な立場で愛好家に出していくイメージに近いから、プラスチックの量産品とは、全然違うクオリティのものが出てくるはずなんですよね。希望としては。なかなかそうはいかないけれど。

——ゆめある舎さんの『せんはうたう』は、本屋さん以外でもよく売れているそうですね。

今、ほとんど趣味的な雑貨に近い本がよく出てきて、本が紙のオブジェとして存在意味をもってきている。Amazonで買うのとは全然違う、一種の実感があるわけですよね。雑貨屋さんに本があって、それがちょっと綺麗で、そばに置いてみてもいいな、という感じになってきた。これまで僕は、あまり経験がなかったことだから、非常に新鮮なんですけどね。

——本が雑貨的に扱われることにも、賛否両論があります。単なる商品ではなく作品だという。

あ、それは当然、両面あるんだもん。作家の作品をなにか重要視しすぎなんじゃない？　作品なんて、その辺に落っこちているもんだと思ってりゃいい。例えば、道ばたの草も、すごく大事なわけじゃない。名前はよくわからないけれど、そこに生きていて。雑貨屋に並ぼうと、どこに並ぼうと、自分がその作品を好きだったら自然に大事にするようになるわけだから。

——道ばたの草ですか？

僕は、自分の詩の理想型をそのように想い描いている。つまり、詩というのは、なにかを伝えるものじゃなくて、そこに存在するものだと思っているのね。

——なるほど。だから詩なら、いくら書いてもいいと。

道ばたの雑草はなにも意味していないし、伝えようともしないけれど、そこにあるだけで美しいわけでしょう？　人が見て、感じる力さえあれば。本もそれと同じでいいと思うよね。だって今もう、どんなにいい作品もストックになりようがなくて、全部フローで流れていくじゃない。我々古い人間にとっては、それでいいのかと

思うところがあるけれど。これだけ情報とメディアが巨大化しちゃったら、仕方がないだろうと思いますね。

全集を出すなら、電子メディアと決めていた

——今、電子書籍化の流れへの反動のように、存在感のある本をつくろうとする人も、出てきています。

また別のものと思えばいい。紙の本は、絶対なくならないと思いますけどね。情報的なものは、全部電子メディアで構わないけれど、詩をディスプレイで見るのは、違和感がありますね。やっぱり詩は、情報じゃないという感じがどうしてもあって。

——電子書籍アワード二〇一二文芸賞を受賞されたiPhoneアプリの「谷川」は許容範囲なんですよね？

それどころか僕、岩波書店と全詩、電子メディアにする契約しちゃってますよ。* そろそろ全部、一冊三〇〇円くらいで、ディスプレイで読めるようになるんじゃないかな。そこに別に抵抗はないんですよ。よく個人全集というと、立派な函入りとかね、ああいう重ったるいのが僕は嫌で。昔からもし全集を出すんだったら、電子メディアでと考えていたから。二〇〇〇年にCD-ROMで岩波書店から全詩集を出しましたけれど、あれは過渡的なかたちだったんです。自分が何十年もかけて書いてきたものが一枚のCD-ROMに収まったのは、すごく快感でしたね。

——結局、入れものの問題ではなく、作品の力を信じているという……道ばたの草と同じように。

＊電子書籍『谷川俊太郎 〜これまでの詩・これからの詩〜』（岩波書店）二〇一六年一〇月より配信

いや、全然信じてないですよ。僕はむしろ、ほら、電気少年だったから、CD-ROMになるとうれしい、みたいなね。だって詩なんて値段のつけようがないものなんだから。理想を言えば、著作権使用料もなくていいと思っているんだけれど、そうなると食えないから。紙とかメディアとか、詩になにかがついてくるから値段がついても仕方がないと思うけど。

——新メディアへの柔軟さには、いつも驚かされます。

どれも自分ひとりがはじめたことじゃなくて、周りの人に刺激されて、「じゃあ、やろうか」という話になっていますね。オブラートっていうレーベルも知ってる？

——はい。顕微鏡の作品ですよね。

あれは僕、すごく好きでしたね。やっぱりそっちの世界に行きたいと思っていたから。

写真詩集『絵本』　小商いの本づくり

——谷川さんは、詩を人々にどう手渡すかという試みのすべてを、あらゆるメディアで実践されてこられたように思いますが。

僕は、第一詩集の『二十億光年の孤独』が創元社から出て、以降も商業出版社から詩集が出せたんだけれど、同人雑誌も自費出版も経ずに出発できたのは、詩人として非常に例外的だったのね。だけど四冊目は、友だちと自費出版をしているんです。僕を詩の世界に誘ってくれた、北川幸比古という児童文学にいった男なんだけど。

——きっかけはどのような？

彼が的場書房という出版社をはじめて、稲垣足穂とかおもしろい本をいくつか出していたんです。その北川が言うもんだから、ふつうの出版社じゃ出せない写真と詩を組み合わせた詩集を出そうと、自分で撮った写真を一枚一枚切り貼りしてつくった本が、『絵本』という詩集。

顕微鏡で読むプレパラートに刻まれた詩集

ポエミクロ
『顕微鏡のための詩 五編』
オブラート

『絵本』的場書房

限定300部600円

「写真は、ほとんどが僕と当時の奥さんの手。武満徹の手もあります。ジャンケンしているのは武満と奥さんの手」（谷川）

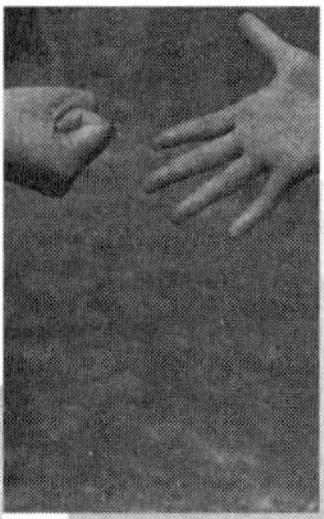

『絵本』予約ハガキ

懸命に売ろうとする切実な文言。予定より２ケ月遅れての刊行となったようだ。

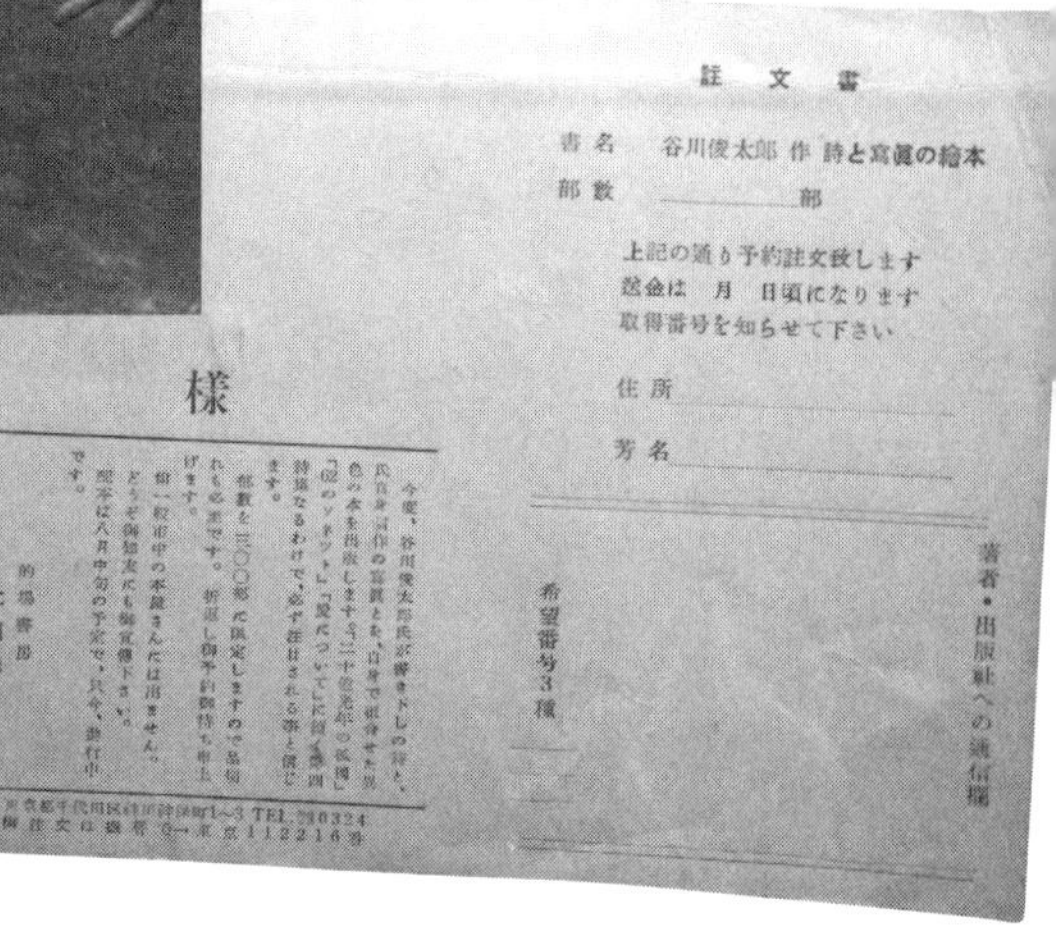

それこそ小さな出版社と綿密に話をしながら、一冊の本ができた。そのミニマルな出版形態の経験が、「本をつくる」ことの一種の原体験として、自分のなかに残っているのは確かなんです。宣伝のために予約ハガキを刷って、友だちに配り歩いて。今みたいに雑貨屋さんが本を置いてくれることもなかったから、本当に手売りの小商いだったんですよね。

——谷川さんにも手売りの時代があったんですね。

自費出版で一時巨大になった元新風舎の松崎さんに僕が共感したのは、詩は自費出版の極少部数が基本だ、という考え方だったんですよ。原点に帰ったような気がして、当時肩入れしたんだけど。大きな出版社でも、よく自費出版の仕事をしていますよね。ふつうは出版を考えられないような一般の人たちが、ある程度小金があれば本をつくれるルートがある。出版の形態が多様化したのは、もちろんいいことなんだけど。

——誰でも本が出せることの、メリットとデメリットがありますね。

テクノロジーがそれに拍車をかけている。今はパソコンがあれば、ある程度、綺麗なものが安価につくれちゃうわけでしょう? 僕も書きはじめた頃は、自分で製本までして手売りすることができるなら、そのほうが理想だと思っていたから。今の若い詩人たちは、まず手軽にネットに上げることができて、写真や音声までつけられる。でも、そこで満足して連環的に閉じてしまうところも出てくるんじゃないかという気がしてね。

小商い型の出版に未来はあるか

——編集者は、もういらないという声もあります。

編集者も自分の好きなテーマや著者を見つけるとか、うんと古いものでも自分が好きなら出版するとか、いろいろな道はあると思います。ただ、サイドビジネスとしてやるほうが、小商いとしては無難じゃないかとは思いますよ。これ、詩を書いて生活していきたいという人に言うことと同じですけれど。生活を考えたら、「もう詩なんかやめなさい」と言うしかないわけですよ。小出版社の場合も、出版だけで自分ひとりか一家三人だかわからないけど、食っていくのはものすごく大変だから。僕の友だちの詩人で、生活保護を受けている男がいてね。詩は日銭が稼げない商売なんですよ。

——切実ですね……。

僕だって、そこから出発しているんですよ。いい詩を書こうとか、全然思ってなかったんだもん。大学にも行かないで、これからどうやって食っていくかが出発点だったから。

——出版は今後、どうなるのが理想と思われますか?

もう、理想なんか追っちゃダメですって(笑)。食えるか食えないかですよ。そのなかで、なにかいいものが生まれてくるんじゃないのかしらね。やっぱり時代との関わり方を無視して、理想は追えないわけですよ。周囲の状況によって新しいかたちがどんどん、できてくるわけでしょう。小商いの出版社も、僕は時代の圧迫で出てきた気がすごくします。当然、圧力だけじゃなくて、印刷技術が手軽になったことも含めて、自由に開放する力も併さっていますよね。周囲の状況と、自分がどんなものをつくりたいかというバランスをきちんとつかんでいれば、ある方向でいける気がします。あとは、実際にこれから仕事をやっていく人たちは、みんな忙しく走り回らないとダメみたいね。落ち着いてゆったり仕事をするのは、我々ぐらいの年になると可能なんだけど。

第二章

地方での可能性を拓く

〝出版〟と〝継続〟は同義語
次世代に向け、今なにができるか

ミシマ社・三島邦弘

mishimasha kunihiro mishima

二〇〇六年一〇月、自由が丘で創業、「会社を大きくしない」「出版点数を多くしない」「一度発刊した本は絶版にしない」などを目標に掲げ、取次を通さず「直接取引」での書店流通を開始。ミシマ社の試みはいつも型破りだ。代表の三島邦弘さんは、これからの出版のあり方を模索するリアルタイムの自分を著書『計画と無計画のあいだ』(河出書房新社)、『失われた感覚を求めて』(朝日新聞出版)で臆することなく綴ってきた。出版不況から抜け出す次の方策を、業界の誰もが知りたがっている。出版の未来を見据え、ひた走るミシマ社。読者の手に届く「三島邦弘の現在」はいつも彼の後ろ姿でしかない。そのことを自覚しながら、京都のオフィスを訪ねた。

沈まない小舟であるために

今、自由が丘と京都の二拠点体制が五年目になって、ミシマ社としては来年一〇周年になります。会社をはじめたときから「原点回帰の出版社」と言ってきましたが、その意味はまず、継続です。本を絶版にしないで一〇〇年続けられること。本は食品と違って賞味期限がないものですから、読むタイミングは新刊時とは限らない。本と人との生きた出会いを出版社として実現させる。ひとえにそれだけです。その一〇分の一がようやく経とうというところです。

——現在、社員は三島さんを入れて八人。最初の五年は、自分の意思がメンバーにうまく伝わらないことに苛立ち、言葉にせずとも感覚を共有できる関係をつくろうと「宿も決めずに社員旅行」など、一見唐突な提案にも打って出た。「のん気なこと言ってないで仕事してくれ」と思う日々から、一〇年目を前に「そんなことを求め続けてもおもんないな」と気持ちも変化した。

本の大事な役割は世の「小さな声」を拾うこと。そこに携わる自分たちが、大企業と同じように世間的に優秀といわれる人材を採用して仕事にも効率を求めるなら、画一的でつまらない、どんよりした空気のなかに僕らも入ってしまう。どんな人ともおもしろくやっていけることは、実際の本づくりとも密接に関係すると思っていて。感覚の共有って表面的な行動で伝わるものじゃなく、一緒に仕事をやっていくことでしか生まれない。短期的な成果や即戦力を求めるなんて、この仕事がその程度だと自分で言うようなものです。はじめから結果を求めるのではなく、どこにたどり着くかわからないけれど、日々一緒に歩んでいく。その結果、見えてくる景色があるかもしれない。時間をかけないとできないことがいっぱいあります。会社は人がすべてですから、日々みんなが成長していくことを信じて続けていかないと、出版の未来にもつながらないんじゃないかと思います。

——理想はそう、かもしれない。現実には会社がうまく存続していくうえで、仕事に効率や即戦力を求められることが常だ。ミシマ社とて、どんな仕事にも好きなだけ時間をかけてよいわけではない。だが、待つことでしか得られないと感じている部分がある。

マ社の本屋さん
貸します。ほっこりしまし

二階建て一軒家の京都オフィス。一階は縁側とこたつがある本屋さんで、一般の人も訪れることができる。

巨大な船じゃなくて、僕らは小舟ですから。これから波がきつくなるとか、雨のための準備が必要だとか、極めて早い時点で察知して目の前の一歩を踏み込まなければ、致命的になってしまう。僕は学生時代ヨットをやっていたんですが、風の揺れで傾いたからって必ずしも危ないわけじゃない。ある程度傾けないと走れないけど、ぎりぎりある一点を越えたら〝沈《ちん》〟といって、海にセールが半分浸かって走れなくなるんです。それは実際にヨットに乗っていれば、どこでセールを緩めるのか感覚的にわかってくること。このメンバーと同乗していくと決めた以上は、それぞれが経験を積んで自分で動けるようになるまで、降りかかる危険を一緒に被る覚悟でやるしかない。頭でわかったつもりでも身についていないと、わかったことにはならないですから。すべての仕事で、パッとつかめる人、何年もかかる人、急にコンと上がる人もいる。個人差がすごくありますからね。徐々に、徐々にではありますけれど、必ず伝わってはいる。それは、楽しくなってきたことのひとつです。

――具体的なリスクの例で言うと、ミシマ社では年間七～一〇冊の新刊を出しているが、発売までに一週間、営業開始が遅れると「致命的」という。一店一店、書店に案内をかけていく直接取引において一週間のロスは、店頭に並ぶ本の冊数が一週間分リアルに減ることを意味する。まだまだ課題はあるが、メンバーにまかせてみないことにははじまらない。

東京一極集中の出版社状況に疑問をもっていた三島さんは、二〇一一年、京都府城陽市にオフィスを新設。二年後に現在の京都市内に移転した。東京との二拠点体制となり、これまでの自分のやり方を変えざるを得なくなったことが、メンバーとのコミュニケーションの見直しにつながった。ひとつには、伝えるべき課題をシンプルに言葉にすること。感情を交えず、誰かを責めず、ネガティブな言葉にならないように自分の実感を伝えていく。メンバーが次に、自分の判断でクリアできたとき、その意味が初めて理解される。基本的なことだが、なかなか難しくもある。浸透させていく過程は、三島さん自身にも気づきをもたらした。

最初はしんどくて仕方なかったんです。こんなはずじゃなかったと。マネジメント的なことなど一切したくなかったですし、ただ好きな本づくりをやりたくて会社をはじめたわけですから。でも、自分だけの本づくりの質をいくら高めても、社員全体の動きの改善にはまったく結びつかない。やりたいことを実現するにも、そのままの自分で居続けながらやろうとする自己完結的な発想では、継続的な活動になっていかないと気づいたんです。メンバーが増えていくにつれ、自分自身も「大人になれ」というメッセージを、本の仕事を介して受け取ったように思います。

先達の知恵と京都の地

――バラバラな人間が集まっていても、会社全体としてうまく動く場をどう主宰するかを考えるうえで、「先達の知恵から少しずつ学んで身につけるしかない」と繰り返す三島さん。会社を立ち上げて三年目頃から続けている、合気道に学ぶところが大きい。古くからの知恵が集積した京都の地に移ったことも、いいタイミングとなった。仕事のパフォーマンスだけを考えれば東京のほうがいいが「経済的なものとは違った学び」が京都にはあるという。

長く続いているものには、個人の考える範囲では到底及ばない、奥の深いものが宿っていると思います。先人たちのメッセージを次にパスしていく身体性を、どうつくって、どう運用するのか。それは、学校とは別の場で学ぶ必要があると思うんですよ。そうでなければ、自分だけの経験値や知識の範囲内で処理しようとするから、ほとんど継承されません。僕は合気道でしたけれど、幸い日本には優れた教えがいっぱいあります。本来、本はそれらが凝縮したものでもあるはずです。

歩けば神社やお寺、お地蔵さんなど霊的な装置がそこら中にある京都で、「横着したらあかん」とか、日々の所作のなかで「自分中心にふるまうことへの抑制」とか、場の空気を吸っているだけで体感するものがある。例えばこの床の間も、ここへ来た先生方と「あそこ、掛け軸いるんじゃない?」「やっぱりそうですよね」と話すうちに、僕もいつの間にか、床の間になにもないことに、気持ち悪さを覚えるようになる。先日話していた釈徹宗《しやくてつしゆう》先生によると、床の間は、今の建築の発想では「要らんもん」ですが、不要と思われているものにも秘められた力があるそうです。

——大阪府池田市に住職の釈徹宗氏が代表をつとめるグループホーム「むつみ庵」がある。純粋木造日本家屋を利用した介護施設は、建物の中心にある仏壇のほか、床の間や急な階段などもあり、今の介護施設では「あり得ない環境」という。だが、認知症の人たちが日々、社会性を失うなかで仏壇に足を向けることだけはしないそうだ。人としてやってはいけないことの記憶が、仏壇の存在によって保たれている。一二年間けが人もなく、歩けなかった人も歩けるようになっていくという。

逆に、バリアフリーなど整えられた環境のなかで、人間は本来もっている感覚を失っていくんですよ。床の間や仏壇とか、もともと日本人が大切にしていたものがそこにあるだけで、思ってもみない力が芽生えることが実際にあるそうです。そういうことに、少しずつ今、気づかされている。結果的にではありますが、京都に来てよかったと思います。

――三島さんは、著書『失われた感覚を求めて』で一歳になる息子さんの行動を見ながら、人間が教えられなくても「生きるために必要な感覚を備えもっている」と感じ、その驚きを綴っていた。「言語化のとき」が大人化への必要過程としながらも、「大人化への名のもと、麻痺した感覚のまま安住してはいけない」と述べていたのが印象的だった。

子どもは、めちゃくちゃおもろいですね。非言語レベルで、いろいろなものが見えていたり、コミュニケーションをとっていたりする。その感度はすごいと思います。前を向いて走っているのに、突然ぱっと振り向いて「飛行機！」と言ったり。音も聞こえないし、僕にはなにも見えないけれど、でも確かに目を凝らすと、すごく遠くに飛行機が見えて、「なんでそんなことが……」と驚くようなことが起こる。毎日のように。まだ子どもやし、赤ちゃんやし、と思っている僕のほうが、実はなにも見えてないいんじゃないか。言葉で世界を認識できていると思っている、自分自身の狭さを感じます。

それは、社員に置き換えても同じなんです。メンバーが自分とまったく違う見方をしているおかげで広がった部分もある。だから基本的には放っておいたら、だいたいはうまくいくと思っています。誰でももっている能力が、「大人化」「社会化」の名のもとに、だんだん閉じていく。周りの声とか雑音とか、気づいたら人の言うことに引っ張られて、どんどん、どんどん見えなくなる。子どもは社会性が一切ないから、ああいう驚くような行動ができる。大人が社会性を維持しながら、能力を最大限に発揮しようとしたときに、自分のいる場からある一定の範囲内においては、一〇〇パーセント自由自在に動けるという、絶対的なフィールドが必要だと思います。

――それを侍の世界や修行における「結界」に例えるところが、いかにも三島さんらしい。寝ていても敵が一歩踏み込んだら、すぐに察知できる自分のフィールド。さもなければ、侍という職業そのものが成立しない。「どんな仕事も、本来そうではないか」と言う三島さん。会社も「変な話、潰れさえしなければいい」とも話す。だからこそ、ミシマ社の個々の出版物や活動には、これなら正解という「具体性」は一切設けない。そうすれば、どうやってもうまくいったことになる。これもまた、既存の会社にはないミシマ社独特の価値観だ。

自分の感覚をフルに発揮できる場を、日々大きくしていくことが、たぶん「仕事を通して世界を広げていく」ことなんだろうと思うんです。自分をフルに発揮できる場があれば、どんな時代、状況になっても、いちいち踊らされることもない。例えば「景気の波にさらされる」とは、つまり「景気」が主体となっている状態。そうではなく「自分」が主体となって、とにかくやりたいように動ける場をつくる。メンバーそれぞれの場が大きくなっていくことによって、会社もどんどん広がりをもっていく。みんなで日々、そうやっていけたら楽しいと思います。

ある正解に近づけようとして動くと、ズレたときにしんどくなる。誰が決めたわけでもないのに、スピードがあるものが勝ちとか、大きなものに価値があると思い込んでいたりするわけです。対岸にいる人から僕らの小舟を見たら、「え、浮いているだけやん」、「いや、一ミリ進んでるし」という状態かもしれない。でも、そこで起ころことが、とんでもない密度だったり、対岸にいても、すごい熱を感じたりするような会社でありたいと思います。その熱量が高まっている状態は、みんなが各々の場を主体的に動かしているときにしか生まれない。だから僕はリーダーというより、舟全体が向かう方向を、なんとなく「あっち」と指をさす程度。直線距離で最短コースを行くのがエライとなりがちだけれど、いろいろ寄り道したっていいわけですから。

無になることで見えること

——出版社は、世に発信する仕事だが「僕自身の表現の延長に出版があるわけでは一切ない」と言う三島さん。編集者、出版人としてよい仕事をしようとすると、できるだけ自分を「無の状態」にすることに直面せざるを得ないという。

受信して発信する、発信の部分だけをメディアととらえがちですが、出版はあくまで媒介。まずは小さな声とか、いろいろな物事を感知しなければならない。出版には、感知して「深める力」と「広く届けるための技術」の両方が必要です。そのとき「自分」が邪魔になるんです。エゴや見栄があると双方が乖離してしまう。ある声が「自分」という閉じた世界から聞こえているのか、もっと大きなつながりのなかで聞こえているのか、見極めないといけない。一朝一夕ではできないと思います。

そう考えると、毎朝、誰も気づかないところまで掃除をして、水をやって、という日々の繰り返しを、なにひとつおろそかにはできなくなっていきます。つまり、見えない埃に気づくということは、日々の仕事のなかで見えない部分に気づいていくことともつながるに違いない、と。例えばそれは、僕が京都にオフィスをつくるという大きな判断にも直結していきます。行動できる、できないは日常の振る舞いがすべてを決める。気づいたら勝手に身体が動くようになる。常に僕がそうできているわけではなくて、でも、日々そうありたいと思っています。

――煮詰まったりして感覚が鈍っていると感じるとき、三島さんは、もう一回、掃除をしたりして基本に戻ってみる。そうして心を鎮めるところからやってみる。

頭を切り替えるときはパーッと外に出ますし、今なら鴨川を歩くとか。そういう工夫はしょっちゅうしますね。パソコンの前にずっといても、気づかないうちに身を硬くするものが鬱積してくるだけですから、一回パッと振り落とす。うまくいかないこともありますが、常に周囲から感知しようとする姿勢があれば、何度でも立て直せると僕は思う。メンバーに対しても同じように思います。

小さな贈与経済「みんなのミシマガジン」

――ミシマ社では、二年前から毎日更新のウェブマガジン「みんなのミシマガジン」を運営している。ウェブ連載は出版社が書籍化を見据えて読み物をストックするうえで、雑誌に代わる重要なメディアとなっている。多くは無料提供するために課金制かスポンサー制を採用しているが、ミシマ社はそのどちらでもない、サポーター制による読者会員からの会費で共同運営する道を選んだ。会員に毎月贈呈される非売品の『紙版・月刊ミシマガジン』の制作には、紙会社と印刷会社の協力で材料費・印刷費が無償となる代わりに、完成品がどうなったか、どう受け手に届いたのか知る機会のない製造現場にも会員の声を届けている。製造現場側では商業印刷で需要の少ない、特殊な印刷や加工を施す「実験」を行う場ができ、それによって読者側も多様な印刷技術に触れる機会を得る。ミシマ社ではこの仕組みを、分断された「生産者」と「消費者」をつなげ、循環させる「小さな贈与経済」と呼んでいる。運営三年目にあたって、会員をウェブマガジンだけでなく、ミシマ社全体の出版活動を支える、サポーターとして位置づけることにした。

サポーターに支えてもらうぶん、責任は重くなります。それぞれの活動が、ますますちゃんと未来に通じるものにしなければいけない。ミシマ社では一昨年から今年まで、新卒を

みんなのミシマガジン

『透明人間⇆再出発』
谷郁雄／詩　青山裕企／写真
ミシマ社初の写真詩集。半透明の紙と不透明の紙が交互に並ぶ、折の概念に縛られない製本法で第46回造本装幀コンクール経済産業大臣賞と出版文化産業振興財団賞を受賞。

『はやくはやくっていわないで』
益田ミリ／作　平澤一平／絵
ミシマ社初の絵本で第58回産経児童出版文化賞（産経新聞社賞）受賞。

『ネコリンピック』
ますだみり／作
ひらさわいっぺい／絵
装丁：祖父江慎（コズフィッシュ）
本文用紙の天地の長さが短く、ページをめくる間、カバーにいる猫たちがずっと応援してくれる。

一名ずつ採用しました。サポーター制によって活動を公にすることは、次世代の出版人を育てるうえでも大きな意味があると考えています。今、出版社では僕と同世代の編集者が最年少で、二〇代がひとりもいない出版社もあると聞きます。大手でさえ新人を一から育てる体力がない。サポーターがいる以上、新卒で採用した三人をなおさら一人前にしなければという使命感があります。出版社に就職しても、毎月の給料が読者のおかげで貰えている実感って、もちにくいかもしれません。単なる仕事の対価ととらえがちですが、すべてが有機的な循環のなかで本づくりが成り立っている。本は出版社や編集者だけのものじゃなく、著者がいて、編集者がいて、売る人がいて、読者がいる。その循環を豊かにしていきたい。サポーターという「目に見える読者」の期待に応えることも含め、編集者が育つことにつながりますし、サポーターの方にもいち読者であるだけでなく、次世代の出版へ向け、ひとつの動きを担っている実感をもってもらえると思います。

――次への大きなヴィジョンに踏み出すためには協力者なしには動けない。三島さんは、ミシマガジンのサポーターを「生産者」「消費者」という枠を越えた「同じ舟に乗る同志」ととらえている。サポーターの数は二〇一五年五月現在で約三〇〇人。それは大きなメディアからは抜け落ちた、小さな声かもしれない。だが、マスメディアが読者離れ、活字離れを嘆くなか「いい本をつくってほしい」という読者の期待と、日々接している実感がある。目指す道のりは長いが、まずは「その実感に応え続けていきさえすれば、難しくない」と力強く話す。

書店員さんをなくしてなんでも機械にまかせ、読者を消費者ととらえて世代、性別、趣味趣向、年収によるマーケティングの発想で、今の出版流通システムがあるけれど、そこには人がまったく介在しない。効率的にやろうとすればするほど、人は疲弊していく。信頼する人たちが、業界から去っていく現状を食い止められない。若い編集者も最初から、「売れる本をつくれ」と言われ続け、一番大切な感性が十分に育つ前に、「売る」という価値のためだけに動くロボットみたいになってしまう。そんな悪循環をこの二〇年くらい繰り返してきて、今があるわけです。人を中心とした「実感」のなかから、次のシステムを考えていくためにも、その悪循環を一度断ち切らないことには、前に進めない。今僕らは、サポーターの人たちと一緒に、小さな石ころを積み上げているような状態です。だから、遠くからは見えないわけですよ。やっぱりビルくらいに大きくならないと。でも、毎日続けていけば、ある瞬間から変わる。もちろん一日でも手を緩めたらそうはなりません。「あ、なんか積み上げてるな」という動きが出版業界のいろいろなところで感じられると、僕らも励みになる。もっと増えてくれたらと思います。

新しい流通システムへの一歩「コーヒーと一冊」シリーズ

——ミシマ社立ち上げからの一〇年近くで、書店の多様化も進んだ。利幅が少ない本の売上げを補うため雑貨や衣類の販売、カフェの併設、イベントの開催など、本にまつわるカルチャーを併せて提供し、集客を図る書店が増えた。書店側が生き延びるために講じた苦肉の策は、客側に新しい楽しみを増やしたが、三島さんは出版社として、それでいいのかという思いがある。そこでミシマ社では、書店と出版社の双方が共存できるしくみづくりのひとつとして、二〇一五年五月から「コーヒーと一冊」シリーズの刊行を開始した。販売条件は六掛、買い切り。一〇〇ページ前後でカバーなしの、カジュアルな仕様。創刊三冊は、いずれも新人の書き手で挑む。

本の返品率は四〇パーセント、書店の利益は約二割。書店員さんは本以外の商品を売ることで、利益を出さざるを得ない状況です。でも本来、本屋さんは本で食べていけるようにしたい。書店員さんは世間で思われる以上に、プロフェッショナルな仕事です。彼らの目利きがあってこそ、入った瞬間にわくわくする、そこでしかない本に出会える世界が現れる。それに、本が作品ではなく、単なる商品として消費されていくと、作家が育たなくなると思います。作家がライティングマシーンに陥ることなく、ひとりの魂をもった書き手として、どれくらいやっていけるのかは大きな課題です。「コーヒーと一冊」シリーズは、少部数からスタートして、本屋さんにも仕入れの段階から責任

「コーヒーと一冊」シリーズ

『佐藤ジュンコのひとり飯な日々』佐藤ジュンコ／著

『透明の棋士』北野新太／著

『声に出して読みづらいロシア人』松樟太郎／著

をもってもらう代わりに、利益をちゃんととってもらうという試みです。従来のように返品はできなくなりますが、本屋さんの利益は四割にまで増えます。「薄利多売」とは違うシステムを本屋さんと出版社が一体となって、真剣につくっていかなければいけません。

――「誰もやったことがないことをやる前は恐怖心しかない」と話す三島さん。ミシマ社が踏み出した新たな一歩には、出版社が「本を専門の仕事としてやっていける世界を維持したい」というもうひとつの願いが込められている。

僕らが実は、ほかの仕事で儲けたお金で、出版をやっているという状況になってはいけないと思います。どうしたらいい本ができるか四六時中考えているのと、いないのとでは、クオリティが変わってくる。僕自身が出版の仕事に関われたことをすごくありがたいと思っているし、本に触れられた人生と、そうでない人生はまったく違うと思う。同じような人がもっと下の世代にもいるとしたら、その場を増やしていくことが僕らの責任だと思っています。

新たな海へ

――「僕たちも五年前には、小さな出版社の新しいモデルになりたいと思っていた」という三島さん。「ひとり出版社」という言葉が少しずつ認知を得て、小出版社の新しい活動が注目されるようになった。日本全国にたくさんの小舟が船出すればいいという想いは、今も変わらない。だが、現在のミシマ社はその段階にはない。もちろん本にとって大切な、多様性や適正部数を考えたとき、「ひとり」規模の動きのほうがフィットする場合もある。それとは別に「ひとりではできない」、次の流通システムを含む「循環」を、ともに会社規模で考えていける同志を、業界内に求める気持ちが強くなっている。

最初の五年はどこも、自分たちのことだけで精いっぱいだと思うんですよ。僕らもそうでした。「ひとり」だと、本をつくることだけはできるかもしれないけれど、出版活動で一番大事な「続けていく」うえで限界が出てくる。その限界にぶつかったときが次の段階だと思います。

それとは別の次元で、時代として、今、しんどいのは当たり前だと思います。先人たちの築き上げた立派な流通システムは、人口が二倍になっていく時代にできたモデルです。人口が自然減していく、日本史上初の事態に突入していくなかで、国や地方のあり方もどんどん変わろうとしている。出版（＝パブリケーション）という万人に開かれていくことの意味を、本に関わる人たちみんなで考え、次を目指していくべきではないか、と。

僕らの世代のこれからは、次の時代の循環システムの構築だけに終わってしまって、その恩恵を被ることはないかもしれません。次の世代が僕らと同じく、本の仕事に関わっていけるようにどう橋渡しするのか。この一〇年くらいが肝です。「よい本をつくること」と両輪で「次の循環システムをつくること」に取り組んでいく。それが、これから出版をやっていくことの大きな使命だと思います。

――「小石を積み上げるような」と言った三島さんの言葉の真意が伝わるようだった。一〇年で本当に変わるだろうか。現状のシステムのなかで苦戦を強いられている業界内の人間には、にわかに想像しがたいことかもしれない。

そんなに複雑なことじゃないと思います。今、先人のつくった地盤が緩み、崩れかけた足もとでいろいろなことを、なんとかしようとしているからバランスをとるだけでも必死です。その状況で本質的におもしろいことをやろう、出版だけで生活していこうとするのは、まるで曲芸の状態。労力を違うところ、つまり、自分の両足で立つことに向ければいいと思います。先ほどの「自分が主体的に動ける場をつくる」という話にもつながりますが、各自各社が今、それをやろうとしている。業界全体としては、これからがスタートではないでしょうか。同じようなところを見据えて、次の時代の循環システムを一緒につくっていけると感じている小さな出版社もいくつかあります。彼らとはめったに会わないけれど、そういうのって遠くでなにかやっているな、とは、なんとなくわかるものです。きっと彼らが考えていることと、僕らが考えていることも全然違う。違うなかでも、とにかく球を投げて、もがいていくことでしか道は拓けない。僕らは実践者ですから、やり続けるだけです。

――「まあ、そう言っててもしょうがないんで」と、ちゃぶ台の向かいにいる三島さんが立ち上がった。「とんでもない熱量をもった」小さな舟が、入り江から大海原へと漕ぎ出すのが見えた。

●ミシマ社　https://www.mishimasha.com/

生命ある「つくる・届ける」をつづけていく――三島邦弘●ミシマ社

久しぶりに読み返してはっとした。「次の世代が僕らと同じく、本の仕事に関わっていけるようにどう橋渡しするのか。この一〇年くらいが肝です」。すっかり忘れていた。こう語ったのは二〇一五年の冬だった。まる六年が経過したことになる。残り四年……。課題は、「次の時代の循環システムを一緒につくっていく」こと。現時点での率直な感想は、「道半ば」である。

とはいえ、道を歩み始めたのは確かだ。昨年、有志のエンジニア二人と会社をたちあげ、「一冊！取引所」という、書店・出版社間の受発注ウェブサービスを開始した。出版社は月額九八〇〇円（税別）で、書店は無料で使うことができる。めざすのは「現場発」のシステム。一五年前、私がまだ「ひとり出版社」だったとき、取次を介さず書店と直取引する営業方法を採用した。理由は、「全然小回り利かないシステムやん」と直感したからだ。ここで大手取次の批判をするつもりはないが、いちいち生活者感覚とズレまくる行政のコロナ対策縮小版とでも言おうか。そんな「重たさ」を確かに感じた。だからと言って、大きなものに対し「おかしい」と批判するだけでは始まらない。それに「これから」を生きるには、大きなものに頼ろうという発想自体から抜け出さないといけないとも思う。自分たち（書店、出版社の現場に立ちつづける人たち）のための血が通ったシステムがほしい。今、約七五の出版社が加入してくれている。これが一〇〇を超えないことには、事業の継続はむずかしい。まさに、岐路にある。そう思っていた矢先、三重で書店をおこそうとする方が京都まで訪ねてくれた。そして、「一冊！取引所のおかげで、取次に頼らず書店を始められます」と言ってくださった。ちいさくとも温かな光が射した瞬間だった。

出版社・ミシマ社の話をしたい。シリーズ「コーヒーと一冊」での取り組みは、「ちいさいミシマ社」という少部数に特化した新レーベルへと発展した。高橋久美子さんの詩集『今夜 凶暴だから わたし』、大前粟生さんの短編集『岩とからあげをまちがえる』、『ランベルマイユコーヒー店』（詩・オクノ修、絵・ｎａｋａｂａｎ）などユニークな作品を、買切六掛で書店に卸している。

昨年の緊急事態宣言以降は、ＭＳＬｉｖｅ！と銘打ったオンライン配信イベント事業を始めた。独立研究者・森田真生さんの「ブックトークＬｉｖｅ！」や木村俊介さんによる「公開インタビュー」などのレギュラーと単発講座を合わせて毎月五〜七本ほど主催している。そこから書籍も生まれた。二〇二〇年一二月刊の土井善晴・中島岳志『料理と利他』が、それだ。二度にわたって熱く盛り上がった「オンラインライブの完全再現」をめざし、ステイホーム下の不安や緊張のなか生成された対話を、その鮮度が落ちることなく残るよう編集した。二〇一五年一〇月以来、年に一度刊行してきた雑誌『ちゃぶ台』（六号より年に二回刊行）でドキュメンタリーのように読める雑誌を志向してきた、その手法が生かせたようにも感じている。今後も刊行の予定だ。

つくる・届ける——。この出版活動は、累々と変わらぬ基本を維持しつつ、同時代、そして未来へと生命《いのち》あるものとしてその形をどんどん変えていく。その渦中にいる喜びを胸に、これからも粛々とこの仕事に励みたい。

生を揺るがす写真家たちとの出会い
衝動の連続で歩んだ道

赤々舎・姫野希美
akaakasha　kimi himeno

撮影協力：京都芸術センター

作家性の強い写真集は今、大手出版社でもっとも出しにくい本のひとつである。新人写真家となれば、なおハードルは高い。そんななか、年間一〇冊以上の写真集を意欲的に出版し続け、今年一〇年目を迎えるのが赤々舎。今年は沖縄在住の新人写真家、石川竜一の写真集を二冊たて続けに刊行し、写真界の芥川賞と呼ばれる第四〇回木村伊兵衛写真賞を見事ダブル受賞した。小さいながらも日本の写真文化を支える、最後の砦のような存在に思える。立ち上げは二〇〇六年、京都市内のマンションの一室から。その後、東京へ移転。二〇一三年に再び京都へ。今、代表の姫野希美さんは、ふたりのスタッフを置く東京の事務所と京都の仕事場ふたつを行き来している。

本づくりは無手勝流

京都に戻った理由のひとつには、ちょうど震災のときに子どもがまだ〇歳だったので、環境のことを考えて。もうひとつには、自分がもともと和歌を研究していたことが大きいです。いわゆる歌枕と呼ばれる和歌に詠まれた地名や風物がありますでしょう？　京都の町を歩いていると、目の前の今の風景に、和歌に詠み込まれた世界がリンクしていくんです。そこに折り畳まれた時空を日々感じながら過ごすことが、私にはとても大事で。時空を超えることも、錯綜させることもできる。時間の堆積が感じられる場所で、どのような存在のものがつくれるのか。なにか新しいものをつくらなければ、という意欲も興味もあまりなくて。それよりも目指したいのは、時間を貫くもの。

――編集の仕事に最初に携わったのは、大学院に籍を置き、古典文学を研究していた頃のこと。当時、京都書院の部長だった安田英樹氏と飲み屋でたまたま知り合い、意気投合。エッセイ雑誌『せきえい』を手伝うことになった。詩人の小池昌代や料理研究家の小林カツ代、現代彫刻家の舟越桂など、興味をもった人にどんどん原稿を依頼した。その後、アート本の編集を手がける。撮影や本づくりについてなんの経験もなく、自分の思うままに挑んだ最初の作品集を、姫野さんは今もとても好きだという。

本のつくり方を最初に誰かに教わったわけではなく、編集の仕方から印刷に至るまで、ありとあらゆることを体当たりで、その場の人とのやりとりのなかで教えてもらいました。そういう意味で私は、無手勝流というか。

舟越桂さんの『水のゆくえ』は、バブルの風の後押しもあって、安田氏に「つくってみたら」と言われたのがきっかけで、すべて撮りおろしで制作しました。ふつう作品集をつくるとなれば、ギャラリーが所有している正面から撮った写真などを借りるものなんです。でも彫刻は立体ですから、前から見て、後ろから見て、近づいて、目だけ見たり、いろいろな見方をするものだと思う。私はそういうふうに写真が撮りたい、なんて言いはじめて。

新作が二、三体できあがるたびに、美術輸送を手配してスタジオに運び、一体一体、角度や照明を変えてワンカットずつ撮っていく。そうしたことも、一から知りました。撮影には舟越さんがずっとついていてくれて、いつも午前中からはじめて、夜中をまわるという一年でした。写真のことも恐ろしく知らなくて、白いホリゾントのスタジオで撮るんですが、ちょっと土足で上がってみたりして周りはびっくりとか（笑）。4×5（シノゴ）と言われても、「へえ?」という感じなんですが、よく写るからと言われて「そうですよね」なんて言いながらも、内心「なぜよく写るのだ!?」と。でも、知らないと赤裸々には言えないですから、本を買って一生懸命、家で調べたりしていました。カメラマンの方が親切で、「これでいいかな?」と、ファインダーを覗かせてくれるんですよ。舟越さんが、「もう少しこう、回してみる?」とか言うと、作品の顔の表情がすぐに変わる。私もわからないなりに、「いや、あの、もうちょっと右のほうが……」なんて言ったりして。

――今のお仕事ぶりからは想像できないような当時のことを、姫野さんは懐かしそうに振り返る。

彫刻作品としてすでに完成しているものを、写真で新たに表現する仕事を通して「表現としての写真の存在を、初めて知った」という。現在の写真集の仕事へとつながる、最初の種はこのときに蒔かれたようだ。それまでは、とくに写真に深い思い入れはなかったという。

最初に選んだのが舟越さんの作品集であったように、絵や彫刻のほうが好きだったんですよね。子どもの頃は大分の田舎で育って、家には父

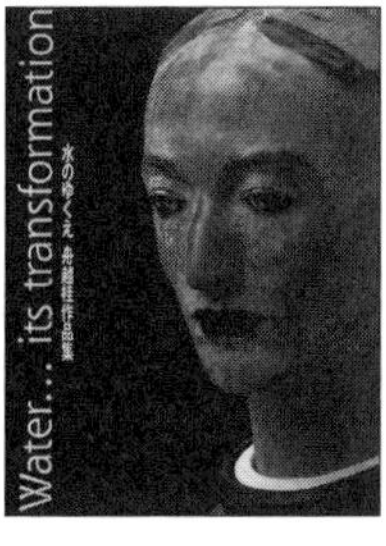

『水のゆくえ』舟越桂／著
京都書院

親が揃えた『世界の名画』や『日本の仏像』などの全集がたくさんありました。それを見るのがめちゃくちゃ好きで。でも、考えてみれば『日本の仏像』も実は仏像の写真集でもあるわけです。もちろん当時、その意識では見ていなかったんですが。

写真集の編集ってその人の考えや好みとか、いろいろ視点がありますけれど、たぶん、誰にでもできると思うんですよ。『水のゆくえ』をつくったときは、「私はこの彫刻とこのように向き合った」ということが正直に出ればいいんじゃないか、と思っていたんですね。わりと、自分に素直に。

上海で出会った生きるエネルギー

――京都書院で二年ほど雑誌やアート本の仕事に携わりつつも、ゆくゆくはどこかの大学で研究者としてやっていくと思っていた。自分も親を含めた周りも、当然のようにそう思っていたはずが、旅で訪れた上海に住んでみたいとふいに思い立ち、姫野さんは衝動的に大学を離れてしまう。当時、バブルのはじまりの時期を迎えた上海では、街のあちこちで竹の足場が組まれ、高層ビルがみるみるうちに建設されていった。あふれる出稼ぎの人々。自転車の洪水。混沌としつつ変貌していく街の空気に身を置きながら、そこで二年間を過ごした。

古典文学や和歌、詩歌には子どものときから夢中でしたから、研究は好きだったんですが、きっと大学というところにさほど魅力を感じていなかったんですね。当時の上海は車も信号を守らないし、道一本渡るのにも「私はこの道を渡る」という強い意志を周りに発しない限りは、一歩も前へ進めなかった。自転車も車も停まってくれない。そういう「自分がこうしたい」という意志を強くもって行動するなんて、日本ではしなくてもいいことですから、はじめはえらい疲れるな、と感じました。でも何回か通ううちに、ああ、私、ここに暮らしたらどうなるのかな、と思ったんです。

――生きていくうえで、自分の意志に自覚的に振る舞うことの大切さを、このときの姫野さんは無意識的に感じとっていたのかもしれない。急激な勢いで変わっていく街のなかで、姫野さんの心に深く焼きついたのは「人々の顔」だった。

とくに農村から出稼ぎに来ている人々の顔。重いタンスを買うと、汗をだらだらかいてリヤカーで運んでくれるんです。ジュースを渡せば、なんのためらいもなく受けとって一気に飲む。その目には、ちょっとびっくりするほどの強さがあって。そこには欲望もあるでしょうし、有無を言わせない、なにか生きていくことへのエネルギーの強さを感じました。

――上海で生活するために姫野さんがはじめたのは不動産の仲介業。やはりなんの経験もなかった。物件をもつ中国人オーナーと組み、現地に増えてきた日本人駐在員とその夫人を相手に、家具の好みなど細かな要望を聞いて仲介する。スタッフも何人か雇うほどに繁盛し、夜も営業のた

めの接待が続く日々。日本人顧客を多くもつ姫野さんの不動産屋は評判となり、ディベロッパー展開の話が舞い込んだ。

そうすると、入ってくる額がまったく違ってくるんですが、にわかに私、それはやらないな、と思ったんです。結局のところ、自分は不動産業自体にはなんの興味もない。そうあらためて認識して、どうなんやろな、と思っていた頃、身近で物騒な殺人事件が起こったんです。日本人と中国人とのビジネスでは、金銭上の問題がどうしても起きやすかった。日本に帰ろうと思ったのは三〇歳のときでした。

私はだから、人間に興味があって上海に行った。……そうね、ビジネスとしては、どうでもよかったんですよね。

生き方を変えたふたつの写真集

――帰国した頃、京都書院の安田氏は独立して青幻舎を立ち上げたばかりだった。人手が足りない時期、安田氏を手伝うつもりで通った同社で、現代作家のアート本、数寄屋建築などの伝統文化本、京都本など、再び本づくりに携わり、そのまま一〇年を過ごす。当時、姫野さんが手がけた、ふたりの写真家のデビュー作、佐内正史『生きている』、大橋仁『目のまえのつづき』は、どちらも大きな驚きをもって写真界に迎えられた。そこには、今の赤々舎の活動につながる本当の意味での「写真との出会い」があったという。

佐内さんは、たぶんいろいろなところに断られて、わざわざ京都まで来られたみたいだったんです。『生きている』には、日常のありふれた光景が写真という眼を通すとこうなるのか、という衝撃がありました。なんなんだろう、このガードレールが……みたいな……。佐内さん自身にも、今まで出会ったことのない鋭さを感じました。それが最初の写真集。続けて出した『目のまえのつづき』は、大橋さんが自分の義理のお父さんの自殺未遂と、そこからの日々を撮っているんです。ドキュメン

タリーというよりは、ひとつの家のなかでお父さんが死にかけたり、彼女と別れたり、すべてが不条理なくらいに同時並行しながら、自分たちの目の前で流れていく。そうした時間が焼きつけられていて。大橋さん自身からもかなり影響を受けました。

目の前で生きている、多くは近い世代でもある作家とやりとりして、ある意味、自分自身の生を揺るがすようなリアリティをもった作品に出会ったことによって、すごく写真の世界に惹きつけられたんです。しかも、写真そのものが生ものみたいな危うさもある。正しいとか正しくないとか、いいとか悪いとかいう基準以前の、なにか生命体みたいな混沌とした生々しさ。それが私にとっては鮮烈で。

この二冊を経て、写真集をつくるときと、ほかの本をつくるときとでは、明らかに違う自分がいることに気づきました。向き合う相手が生身の作家となれば、身に迫ってくる風圧が違う。ぶつかることも当然出てきますが、それを恐れずにもっと作家と深くシンクロしていきたい。もっと今を生きる写真家たちの作品集をかたちにしていきたいという思いが募ってきたんです。

『生きている』佐内正史／著　青幻舎

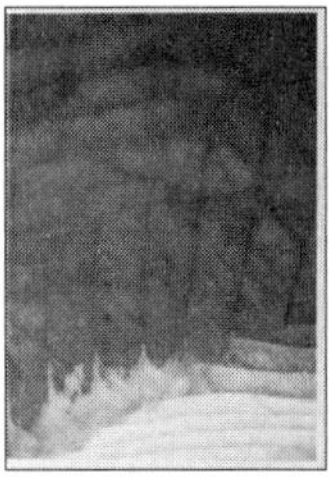
『目のまえのつづき』大橋仁／著　青幻舎

――しかしながら、そこには利益につながりにくいという現実もある。数千部という小さな市場で、まだ無名の写真家の作品集を世に出すリスクを負うには、それを支える基盤となる出版物も多く必要になる。仕事のバランスのとり方にジレンマを抱える姫野さんに勇気を与えたのは、スイスの伝説的な出版社スカロ（Scalo）の存在だった。

スタッフは五人、小規模経営ながらも年間一二～二〇冊のペースで、ロバート・フランクをはじめとする世界のトップ写真家たちの、質の高いビジュアル本を刊行していました。社長であるウォルター・ケラー氏とフランクフルトのブックフェアで顔を合わせるうち、お互いに手がけた写真集を見せ合うようになったんです。

それはもう、素晴らしい本をたくさん出していました。でも、あるとき、それらを彼がひとりで

つくっていることに気がついたんですよ。営業や版権担当のスタッフは別にいるのですが、本づくりは明らかにケラーさんが一から十までひとりでやっている。それで、「あ、そうか」と思って。要するに小さい所帯でやれば、写真集がさほど利益を生まない出版物だったとしても、活路はあるんじゃないかと。ウォルター・ケラーというひとりの人物と眼によって、あそこまで存在感のある本がつくれることにも憧れがありました。

大根を売るように本を売ればいいと思っていた

——人生に残された時間であと何冊、納得のいく本がつくれるだろう。四〇歳を目の前にした姫野さんは、さしたるあてもなく、またも衝動的に独立することを決める。青幻舎の安田社長の後押しで、なんとか取次との契約も取りつけることができた。赤々舎の立ち上げには、徐美姫《じょうみき》の『SEX』を第一作目とした。

海や川の水の表情を写しとったモノクロームの写真集です。お互いに初めて同士、あえて新人作家のデビュー作でやってみたかった。A3タテの大判で、思っていたより制作費がかかってしまって。できた当時、これを大根のように売っていけばいいのである、と思っていたんですよ。週に一度は東京に出ていたので、そのたびに本を持って営業するわけなんですが、

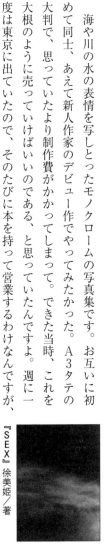

『SEX』徐美姫／著

やっぱり大根のようには売れない。三ケ月も経たないうちに、これ、潰れるな、と思って、鴨川で黄昏《たそが》れたりしていたんですが。

――扱うものが特殊なだけに、そこでどうしたらいい、と誰にも聞きようがない。地方で作家とともにイベントを打ったりもしてみるが、それにもお金がかかる。頭を抱える姫野さんのもとに、助け舟のような仕事が舞い込んだ。

東京大学総合研究博物館の標本コレクション展『CHAMBER of CURIOSITIES』のカタログで、撮影は上田義彦さん、デザインは原研哉さん。大御所のふたりによる大作、しかも大学内で販売してもらえるというメリットもありました。上田さんはたぶん、私が独立したから力づけのつもりでね。だから、私も「やるやるやります！」と喜んで引き受けたんです。原研哉さんの、もう本当に凝りに凝ったデザインで、造本的にも画期的な試みをいろいろされるものですから、私は京都の製本会社の方と面談の毎日で、とても難易度の高い本でした。つくるのも必死だったけれど、できあがったときに、またしても制作費がオーバーして。

『CHAMBER of CURIOSITIES』
上田義彦／写真
原研哉／デザイン
西野嘉章／編

結局、こうありたいという本の姿が強くあると、予算がないからクオリティを落とそうという発想ができないんですよ。そのときも、とことんまでやってしまって、はぁぁぁ潰れる……と思っていたら、その本が話題になって。単純に写真の魅力だけじゃなく、オブジェとしての魅力もあって、たちまち完売したんです。一万二〇〇〇円の本でしたから、そこで、息をはぁっ……とついて少し安堵したりして。そんな巡り合わせの繰り返しでした。

圧倒的にいい本をつくることだけが、未来につながる

――経営は何度もピンチに見舞われた。当時、サイト運営を手伝ってもらっていた若いスタッフを相手に、どうしたら売れるのかと話し合う日々。「今日、仕事をする気分じゃないから私は帰る、とか言ってお酒飲んでたりね」と今でこそ笑って話すが、相当に絶望的な気分になる日もたびたびあったという。たくさんつくって、たくさん売れれば話は単純だが、姫野さんが赤々舎を立ち上げて以降も、写真集を買う層が増えたわけではない現実がある。

実際に増えていたら、今のように作家性の強い写真集を出すのって、赤々舎とあと何社かくらいじゃない？という状況にはなっていないはずですよね。私が幸運にも、やってこれたなかで思ったのは、やっぱり、にわかにはこの状況を変えていくことはできない。にわかには……。そのなかで自分たちが、なにに一番助けられているのかというと、作家による力ある写真集だけ。つまり売れるだろうという視点ではなく、圧倒的にいいものをつくることだけが、自分たちの未来の道筋を支

bauhaus
ADC

えてくれていることなんです。そう気づいたのは、立ち上げてしばらく経ってからのことですが。

――岡田敦『I am』、志賀理江子『CANARY』で二〇〇七年度木村伊兵衛写真賞をダブル受賞したのは立ち上げて二年目のこと。その翌二〇〇八年度には浅田政志『浅田家』、二〇〇九年度には高木こずえ『MID』『GROUND』、二〇一二年度は百々新《どどあらた》『対岸』が受賞に輝いている。また、二〇一四年には優れた活動を行う出版社へ贈られる第二九回梓会出版文化賞特別賞を受賞した。写真史的な位置づけや業界の動向などに振り回されることなく、ひたむきにいい作品を送り出すことに邁進してきたことが、世に知られることにもなった。

人は人に興味がある

――企画の話はこれまで途切れることはなく、売れるか売れないかという基準によらない本づくりとあれば、当然持ち込みも多い。赤々舎の生命線を握る、作家選びや出版への基準はどこにあるのか。

写真に写しとられたものが、その人にとって、どれほど切実な存在なのか。その写真が人間についてのなにを考えさせてくれるのか。それが私にとって、とても大事なんです。つまり、人は人に興味がある。でも、一番わからないのも人間。たぶん、自分自身も含めてわからない。風景を撮っていたとしても、なにか人の営みや存在について、想いを巡らせることができるような写真がありますよね。写真が、この世界についてのなにかをもたらしてくれる。たとえ、わからなさであってもいいわけです。知識や情報が欲しいわけではなく、混沌として、わからないものであればあるほど、また惹かれてもいく。そして、写真が社会と深くコミットしようとする力を信じたいと思っています。私は特別な感受性をもっている人間ではないので、少なくとも私がこんなに心が動くなら、同じようにこの作品を必要としてくれる人がいるはずだと。どこか楽天的なところもあるんですよね。自分が本をつくっていくなかで、正直に選んだものであれば、絶対にそれは、訴える力をもっているのではないかという気がしています。

――姫野さんの仕事は赤々舎の未来を紡ぎながら、日本の写真家たちを支える確かな磁場をつくっている。

●赤々舎　https://www.akaaka.com/

これまでの木村伊兵衛写真賞受賞作

『CANARY』志賀理江子／著
2007

『GROUND』高木こずえ／著
2009

『I am』岡田敦／著
2007

『MID』高木こずえ／著
2009

『浅田家』浅田政志／著
2008

『対岸』百々新／著
2012

第40回木村伊兵衛写真賞受賞作（2作品）

『絶景のポリフォニー』
石川竜一／著

「石川さんと一緒に闘鶏の次にどの写真がくるかと話していたとき、私は直感的にあ、これ（レズビアンのキスシーン）だ、と手にしたら、ふたりで大笑いして。いや、これしかない、と。生存本能とか衝動とか、ふたつの写真にほとばしるものは同じ。自分たちが心が震えるものが絶景だと思ったんです」（姫野）

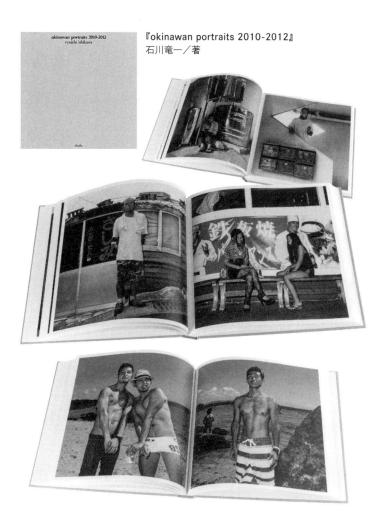

『okinawan portraits 2010-2012』
石川竜一／著

「スナップやポートレイトというとゴリゴリ撮る、捕獲するようなイメージの写真家が多いですが、石川さんの場合は、目の前にあるものをどこまで受け入れられるかという、生身の柔らかさを非常に感じたんですよ。はじめは『絶景のポリフォニー』だけ出す予定でしたが、構成を考えていたときに、なぜ彼がこのスナップを撮れるのか、と思って。それは、このポートレイトが先にあったからなんだ、と気づいたんです」（姫野）

庭にしゃがむ——姫野希美●赤々舎

いま、赤々舎は京都の街中にある。東京の事務所はたたんで、京都の仕事場は家と一体にした。築年数もはっきりとはわからない長屋。近所の人が、本を発送するときの詰め物として古新聞を置いていってくれたり、地元の美大生たちが手伝いに来たり。東京にいるメンバーも変わらず力を貸してくれる。日々かたちを変える緩やかなつながり方が、私には性に合っている。

コロナが出現する前は、しょっちゅうアジアの都市に出かけていた。数名の作家とイベントを開くために訪れた台北やソウル。ブックフェアに奔走した香港、シンガポール、上海、北京、連州……。そこからさらに足を延ばして、写真や本をめぐる風景や人に出会った。日本に飽きたわけではなかったが、見知らぬ土地で、ただ写真を挟んで人と向き合うことのスリリングさが好きだったし、そこから積み上げていくやりとりは豊かだった。出かけられないいまも、写真は行き交い、本は移動し、常に変容する地形を感じている。

出来事が自分に沁み入るのには時間がかかり、先を予測して動くことも得意でない。コロナ禍による現実的な影響は受けても、それとは異なる流れにも揉まれ、ここ最近、かえって出版点数が増えた（相変わらず自分では数えないけれど）。対象をどのように見つめるか、フィクションとリアルの揺らぎをどのように提示するか。やがて、現実をなぞらず対象をもたない写真も周りに浮遊してきた気がする。それぞれにいまと切り結ぶ切実さ、面白さに巻き込まれながら、「生＝社会だから」というある写真家の言葉は常に胸に蘇る。

この長屋には土間があり、コピー機や本棚、届いた荷物、メダカの泳ぐ鉢もある。深瀬昌久が撮った猫の顔のアップのポスターと、映画『浅田家！』のポスターが同居する。娘の友だちやお母さん、近所の誰かしらが毎日顔を出すとき、空気が攪拌され声が溢れる。そのなかで、自分が震えるように想い、念じるようにしてつくった本は、果たしてどういう存在なのだろうか。誰かの何かを脅かすことなく、たとえば『ルワンダ ジェノサイドから生まれて』*のような遠い地平の声を、この場所で聴くことはできないだろうか。

本をつくるとき、できるだけ自分を打ち消し、ただ穴として在りたいと思った。それでも滲み出る「私」が嫌だったが、本のある場所において「私」はどのようにふるまえるのか。――ふと祖母が育てていた花を思い出す。野菜の畝からそのまま続いて折々の花は咲き、それに劣らぬくらい虫もいる庭だった。この土間にしゃがんで耕すことから始めてもいい。先の風景はわからないままに。そのとき、ジャンルを超えて生起するイメージにも、もう少し自由にこの手で触れられるのではないか、そんな予感も胸を掠める。

＊写真・インタビュー／ジョナサン・トーゴヴニク　企画・翻訳／竹内万里子（赤々舎）

「本のある世界」と「本のない世界」の狭間を旅する

サウダージ・ブックス●浅野卓夫

saudade books takao asano

かつては、文化人類学の研究者を志していた淺野卓夫さん。二〇〇九年に立ち上げた屋号には、日本からもっとも遠く離れたブラジルの奥地を旅した、淺野さん独特の「書物」観が込められている。本のない世界で出会った「もうひとつの知」。それはのちに、初めて訪れた瀬戸内の島で、地方小出版に挑むきっかけとなった。地域の企業と協働し、有機的なつながりを築きながら、持続可能な出版社のあり方を模索する。香川県の豊島《てしま》で妻と娘との三人暮らし。仕事場のある小豆島の土庄港で、淺野さんが出迎えてくれた。

三人の古老に導かれた道

豊島から小豆島に船で通っています。この車は小豆島に置いてあって、豊島にもう一台置いていますす。そっちの車は島の人にもらったんですよ。田んぼに放置されていたのを譲ってほしいとお願いしたら、「ああ、いいよ」って。最初に訪れたのは二〇一〇年です。島の人に、豊島も過疎高齢化で寂しい島だから、「あんたみたいな人が来てくれたらね」と言われて、行ってもいいな、と思って。ちょうど東日本大震災以降、自分たちのこれからの生き方を考えていた時期でした。その後、年に数回、妻と娘を連れて旅行を兼ねて豊島を訪れ、二年後に移住しました。とくに島暮らしや田舎暮らしに惹かれていたわけでもないんです。僕の場合、転機はいつも、人に言われるがままを受け入れることで、訪れるように思います。

——浅野さんが大学で文化人類学の道に進んだのは、山梨県の富士山の麓で、郷土史や民俗学を研究していた祖父（萱沼英雄）の影響が大きかったという。

祖父の家には本や古文書、巻物のほか、三味線や能面、インドネシアのお面など民具的な資料もたくさんありました。でも、娘や息子たち、つまり僕の母親や叔父叔母は、まったくそういったものに関心がない。汚い、邪魔とか、お面がたくさんあるのは気持ち悪い、なんて疎んじられていました。僕たち孫の世代も「おじいちゃん、なに言ってるのかわかんない」と。なぜか僕だけがそんな祖父のことを好きだった。わけのわからない、おじいちゃんの民俗学の話をおもしろがって聞く、ほとんど唯一の身内だったんです。

僕が小学校五年生のとき、祖父から「いつかこれを読んでごらん」と、一冊の本を渡されました。民俗学の名著と言われる、宮本常一の『忘れられた日本人』です。そのとき祖父が僕に言ったのは、「歴史は有名な偉人だけがつくってきたわけではなく、教科書にものらないような、無名の人たちが生きた暮らしが積み重なって、今があるんだよ」と。でもその本は、読書好きな子どもだった僕が読んでも、おもしろくもなんともないんですよ。日本のとんでもない山奥や、離島に暮らすお年寄りの語りを集めた、聞き書きの本です。宮本常一が見聞きした内容が淡々と報告されていくだけで、まったくドラマがない。「そんなすごい世界があったのか」と思えるのは、ずっとあとになってからのことで。ただ、祖父からその本を手渡されたときの感触や、託されたメッセージは、鮮明に記憶に残っていたんです。

――祖父は中学生のときに他界、大学に進学後は、『忘れられた日本人』に加え、フランスの文化人類学者レヴィ・ストロースの『悲しき熱帯』がバイブルとなった。いつか遠い土地を旅して、文明社会にはないもうひとつの知恵、レヴィ・ストロースの言う「野生の思考」に出会ってみたい。物理的な距離も価値観も、日本から一番遠い場所に行ってみたい。そう漠然と考えていたとき、ブラジルへの交換留学の掲示を見た淺野さんは、即座に留学を決める。

日系移民のブラジル移住がはじまったのは、一九〇八年。淺野さんが訪れた二〇〇〇年は、戦前に親に連れられ、ブラジルに渡った一世が辛うじて生き残っている状況だった。当時の記憶を日本語で記録できる最後の時期で、さまざまな調査が急務とされていたという。大学院在籍中の三年間、現地で日系移民のフィールド調査に明け暮れるなか、淺野さんは不思議なひとりの古老と出会う。

ブラジルは、僕が夢中になっていたレヴィ・ストロースの宿命の地なんです。『悲しき熱帯』は、彼が若いときブラジルを旅しながら、少数民族の社会や神話に関するフィールド調査を重ね、学問的な自己形成を遂げた軌跡を省察する紀行文の名著です。ブラジルは日系移民を受け入れた最大の国。多文化・混血の世界で、日系移民やその子孫たちが今、どのように生きているのか。とくに日本からブラジルに渡った一世の人たちが、旅の人生のなかで、どのような世界観を形成していったのかを研究テーマとしました。彼らこそ、もうひとつの「忘れられた日本人」ではないか、と。その頃の僕には「旅」そのものへの関心も強くありました。故郷を離れて旅することは人間になにをもたらすのか。おそらく僕自身が転勤族の家庭で育ち、故郷やルーツの感覚をまったくもっていなかったせいもあると思います。

サンパウロ州立の研究機関に籍を置きながら、フィールド調査のため都市部や農村部の日系コミュニティに足を運びました。奥地に向かうときは夜間高速バスで八～一〇時間、車に乗り継いでさらに数時間。現地で古参の日系人がいないか尋ね歩き、見つかると二週間ほど滞在して話を聞く。そんな旅を繰り返していたとき、ワルテル本間さんという、ひとりの古老に出会ったんです。

そこは、日本でいう限界集落のような場所で、十数名の日系老人がひっそりと暮らす農場コミューンでした。ワルテル老人は、いわば村の哲学者みたいな存在です。彼の親はキリスト教系の社会主義者の一団に属していて、一九二〇年代、ブラジルの奥地に新しい理想郷を築こうと入植しました。彼は自分の意志ではなく、親に連れられてブラジルに渡ったんです。古参の日系移民としては、ブラジル・ポルトガル語を流暢に話せる珍しい人でした。当時の日系移民の大半は、いずれ日本に帰るつもりでしたから、ポルトガル語の教育には熱心ではありませんでした。ワルテル老人は日本語学校には通わずに、幼い頃から周りにいるブラジル人や先住民のインディオと、積極的に交流していました。日本とブラジルのふたつの文化の狭間で、自己形成していくことを自覚的に選択した

変わり者だったんです。

　八〇〜九〇年代、世界経済が効率化の一途をたどって、農業という営みがさまざまな困難に直面するなか、乳牛を飼い、有機栽培に取り組み、自らの思考を深めていました。自分たちがブラジルで生きる理由とはなにか。どうすればより幸福な社会がつくれるのか。例えば、外国人移民であるがゆえに土地を所有することが難しい。したがって大規模な農業もできないわけですが、そもそも土地とは誰の所有物か、と問う。本来人間は、この地球上のすべての土地が自然界からの借り物でしかないことを、もっと学ぶべきではないのか、と。今日の環境問題にもつながる鋭い洞察を書物からではなく、日々の営みのなかで思考し、地に足がついた言葉で語る。そもそも、本を買うお金なんかないんです。財布は、そのコミューンのなかでひとつ。鉛筆一本買うのにも、みんなで相談して決める社会です。とても慎ましい暮らしを送っていました。

　彼は世界の時事問題、ルソーやマルクスなどの社会思想にも強い関心をもっていました。町の商店の人が好意で届けてくれる、一週間分のポルトガル語の古新聞をくまなく読み、驚くべき記憶力で吸収していました。泥で薄汚れたシャツにスラックス、夏だったら裸足にサンダル。冬だったら長靴。真っ黒に日焼けしたおじいさんが、

いきなり「今日のポストモダニズムの問題は……」とか難解な言葉を口にするわけですよ。僕も驚きましたが、共同体の人たちにとっては得体の知れない存在です。「あのじいさんの言っていることはわからない」と不信感を抱く人もいた。そんな周囲から孤立する古老の話を僕だけがおもしろがって聞く。今、思えば、祖父のときと同じですね。

――ワルテル老人はバイリンガルだったことで、地方行政の担当者や農業技師、ジャーナリスト、研究者などの受け入れ窓口となり、実際にコミュニティの内と外をつなぐ役目をしていた。しかし淺野さんは「彼はもっと大きな意味でふたつの世界を行き来していた」と語る。日系社会とブラジル社会。農耕など肉体的な経験を重ねる時間と抽象的な思考を深める時間。「あらゆるふたつの世界の狭間を自在に行き来する、真の旅人」だと感じたという。

最初は彼のことを論文にまとめるつもりで、生まれた年など経歴を聞こうとしました。でも「そんな警察の尋問のような話には関心がない。今この場で考えていることを、あんたと共有したいだけだ」とバッサリ。機嫌を損ねて口もきいてくれなくなる。そもそも大学で学んだアイデンティティ論なんかで人を理解できるのか、と。対話なんて成立しなくて、朝から晩まで何時間もひたすら「教え」を叩き込まれる状態でした。心まで正座して、黙ってひたすら話を聞く。七〇年近くも旅に生きた人の圧倒的な言葉に、二十歳《はたち》くらいの僕が太刀打ちできるわけがない。彼自身が一冊の書物のような存在だったんです。彼の語りに一心不乱に耳を傾けていると、僕が読んできたどの本にも書かれていない、真実のページが目の前で開かれるような感覚がありました。それまでの僕は、大学や研究所みたいな本に囲まれた環境にいて、いかに効率よく大量の知識にアクセスできるかが世界を理解するためのテクニックだと思っていた。たくさんの専門書から得た概念や情報で、目の前にある現実を分析し、自分は世界を語る側にいるのだ、と。ところが、ワルテル老人に出会ったことで、これまで自分の身につけたそんな常識が、ガラガラと崩れていく瞬間がありました。本のない世界で新しい学びがはじまった。一時期は、研究者の身分もパスポートも捨てて、ワルテル老人とともに農作業の手伝いをして、コミューンの最後を見届ける人になってもいいかな、とさえ思ったこともありました。それほどのめり込んでいたのに、一年ほどの付き合いであっけなく、彼は亡くなってしまったんです。

どうしようもない喪失感とともに、学問に対して深い疑いが生まれてきました。フィールド調査で得たデータを都会の研究室に持ち帰って、数値に置き換え、研究の成果とすることにどれほど意味があるのか。僕にとって大切だったのは、日本とブラジルの狭間で望郷の想いに苛まれながら、旅の人生を生き抜いた人々の喜び、哀しみ。一歩外に出れば、言葉も通じない、違う文化、習慣、考え方をもった人たちと渡り合い、自分たちの腕一本で人生を切り開いていった日々からにじみ出る「生きるための知恵」です。子どもたちに日本人として生きてほしいと願いつつも、世代を経るにつれ、ブラジル人との婚姻や混血化がすすむわけです。最初は諦めですよね。だけど一緒に暮らしていくなかで違いを受け入れ、異国で大らかにもうひとつの家郷を築き上げていった。そんな日系移民の人たちの生き方に学んだ感動をそぎ落として、現実から都合のよい部分だけを切り取り、自分の学問的な権威を得るために利用する。その知が生まれた場所にいる人々にはまったく通じない、ひとりよがりな用語で解説して、知ったような顔をする。書物や学問に対して、あたかも悪の権化のような感情すら抱いてしまったんです。

――とはいえ、研究者の肩書を得る道をすぐには捨てきれなかった。論文の準備のため、一時日本に帰国したが、結局、膨大な調査資料をすべて自宅の庭で焼き捨て、大学院を去ってしまう。ワルテル老人が他界して、ブラジルに戻る理由もなくなっていた。行き場もなく彷徨《さまよ》う淺野さんのもとに、三人目の古老が現れた。アジア・アフリカなど世界各地を旅し、次世代の思想や文化をリードして、八〇年代ニューアカデミズムの下地をつくった人類学者の山口昌男氏だ。「本のある世界」と「本のない世界」を縦横無尽に行き来する知の巨人は、淺野さんを「本をつくる」側へと導いた。

思い悩んで、その頃僕は失踪したんです。でも、本のない世界で野生の知を発見したからといって、本に育てられてきたとも言える僕が、今さら「本や学問なんて知らないよ」という顔で農夫や漁師になりすますわけにもいかなかった。それはそれで、無責任な生き方に感じたんです。家族や研究の世界から行方をくらまして沖縄や奄美あたりを放浪し、一年ほどが経とうとしていたとき、札幌大学の学長を終えた山口昌男先生が東京に戻られました。僕が大学で師事した人類学者の今福龍太先生の、さらに師匠にあたります。かつて、メディアの寵児としてもてはやされた時代は過ぎ、取り巻きたちがすっかり去ったあとでした。高齢のため身体の自由はきかなくなりつつも、頭のなかは依然として高速フル回転。権威の鎧を脱いで知的好奇心のかたまりだけが残された、むき出しの知の巨人として僕の前に再び現れたんです。弟子入りするつもりでご自宅にうかがうと、いきなり「よし、お前、俺の書生になれ」と。長期の入院生活に入る前までの一年間ほど、半ば住み込むようなかたちでした。

山口先生は、アフリカ研究から文学、映画、演劇、音楽、最近読んだ本、かつて読んだ本の話までバーッとマシンガンのように話すんです。「本小屋」と呼んでいた、圧倒的な量の蔵書に囲まれた書斎に呼び出され、そのとき興味のある本を挟んで対話する。至福の学びの時間でした。でも、なにかおもしろいことを返さないと「もういい、お前帰れ！」と、すぐ不機嫌になる。社会的な肩書から解放された山口先生は、知恵を備えた老人と天真爛漫な幼児が同居した「神話的始源児」をますます地でいくようでした。彼の傍若無人ぶりにひたすら耐えながら人生修行を……（笑）。僕の進路をとても心配して出版社に紹介してくれ、山口先生の監修本や著書の編集を手伝うようになったんです。ですから、出版の仕事は自分で望んだのではなく、恩師に言われたからやる、という。完全に他力ですね。

波打ち際のインスピレーション

——山口昌男氏が他界してからも、編集や翻訳、ライターなど出版の周辺で仕事を続けていた淺野さん。このままなし崩し的に「本のある世界」にいていいのかと、迷いが拭えない時期が五年ほど続いた。

日々、牛の世話をしたり作物を植えたりして、手で思考する「野生の知」。そこには、文字や情報を介して頭で思考する「文明の知」よりもはるかに真実があるのだと、ふたつの世界が対立してぶつかり合う感覚から、僕はまだ逃れられずにいました。書物について、さまざまに考えをめぐらせていたとき、モノとしての本の構造を知らないことに気づいて製本講座に通ったんです。紙を切る、折る、綴る。実際に手を動かして一冊の本をつくり上げると、少し見方が変わってきました。本は現実から真実を引き剥がし、冷凍保存するような冷たいイメージを抱いていたけれど、そうでもないんだ、と。編集や校正の仕事も、職人の手仕事的な側面がある。紙や糸やインクも、もともとは自然から生まれたもの。かたちなき知や物語は、紙などの具体物に定着させることで、初めて多くの人と共有できるものになる。本の半分は頭でつくるけれど、半分は手でつくるものだと実感して、僕のなかでケンカしていたふたつの世界に結びつきが生まれてきたんです。

当時は、神奈川県の三浦半島に住んでいました。ぼんやりと海を眺めながら、くるぶしに打ち寄せる波に、ふと、あるイメージが重なりました。僕の前に現れては消えていった、あの古老たちです。遠く彼方から長い長い旅をして、生きるための真の知恵や物語を運んできた。ザバーンと大きな波を僕に浴びせ、一瞬にして消えていった。

海は書物に似ているとも直感的に思いました。波は風にめくられる本のページのようだ、と。消えた波のページには二度と出会うことはできないけれど、水平線の向こうから湧き出してくるページは、尽きることがない。消えた波は、なにを伝えようとしていたのか。とめどなく寄せる波は、なにを運んでくるのか。永遠に失われたものへの痛みや切なさ、未知への希望や憧れ。サウダージ——過去と未来、両極へ向かう遥かな時空を想うとき、ブラジル人が抱く特有の感情を表すポルトガル語です。その言葉をひらめいたとき、「本のある世界」から「本のない世界」へ旅したからこそ「本をつくる世界」に帰ろうと決めました。僕が「本のある世界」と「本のない世界」から等しく受けとった、かたちなき知や物語を、人々と共有するための器をつくろう。出版社として謳うテーマは、「旅」と「記憶」にしよう。僕自身、故郷をもたない生き方に、どこか不安や寂しさを感じてきました。だけどブラジルへの旅は僕に生きるうえで、かけがえのないものをもたらしてくれた。旅はささやかな幸せや、深い知恵に触れるチャンスでもある。胸に残す寂しさも含めて、旅の記憶には豊かさがあると思えたんです。

新しい地方出版のモデルを目指す

——フリー編集者の仕事と並行して、サウダージ・ブックスの屋号を掲げ、本づくりがスタートした。鎌倉に拠点を置く出版社、港の人が発売元となり、『ブラジルから遠く離れて1935-2000』『石都奇譚集 ストーンタウン・ストーリーズ』『はじまれ 犀の角問わず語り』の三冊を刊行。二〇〇九年から年に一冊のペースで出してきたが、東日本大震災を経て、二〇一二年より瀬戸内に拠点を移した。

立ち上げ当初は東京をフィールドにやっていましたが、「こだわりのひとり出版社」みたいに注目されるようになり、ちょっと違和感がありました。僕の場合、世界を語る言葉を失ったと自覚したのが出版をはじめた動機ですから、自分の内側ではなく、外側にあるものに興味がある。サウダージ・ブックスは、僕の自己主張や表現のためのメディアではないんです。

出版事業が東京だけに集中していることにも、引っかかっていました。業界全体が当時からずっと厳しい状況ですが、一方で都会の新しい小出版社、個性派の書店やブックカフェが脚光を浴びる状況もある。非常に頼もしいことだけれど、その陰で地方の小出版社やふつうの町の本屋さんは、どんどん潰れていく。僕はとくに郷土史家だった祖父の影響もあって、地方出版社が出していた、地味だけど良質な郷土史本を読んで学んできただけに、ずっと気になっていたんです。出版や文化の豊かさは、多様性によって担保されると思いますし、東京一極集中で本当にいいのか、と。

二〇一〇年に豊島に訪れたのは、ワルテル老人との約束を果たすためでした。ブラジルの奥地にあった彼の農場は、豊島農民福音学校で実践されていた、「立体農業」を原点としていました。ブラジルに定期的に農業指導に訪れていた、創設者との長年の交流を通して、その思想を深く学んでいたんです。そこで、自分はもう老いて日本に帰れないから、豊島に眠る先師の墓参りに行ってほしいと頼まれていました。それから、島の人たちと家族ぐるみの付き合いがはじまり、移住を考えるようになったんです。

東京を離れればフリーで受けていた仕事は、いずれなくなると予想していました。まずは地元で副業を探し、豊島の隣の小豆島でオリーヴ化粧品会社が取り組んでいた、文化発信事業を手伝うことになりました。地方で出版にチャレンジしようと思ったときに、ひとつ決めていたのは「自分ひとりでやらない」ということです。サウダージ・ブックスとして、文芸、人文書やノンフィクションの書籍を出していくには、収益となる別の柱が必要でした。奇遇にも、そのオリーヴ化粧品会社は、小説家、宇野千代との縁から化粧品ブランドをはじめた歴史があり、会長（現・相談役）が文学に理解のある方だったんです。最初はその会社の支援を受け、経営哲学の本や企業広報誌などの制作を請け負いながら起業する話がまとまり、移住してもやっていける目処《めど》が立ちました。

小豆島は、壺井栄の不朽の名作『二十四の瞳』をはじめ、世界に誇る文学作品を数多く生み出した「文芸の島」です。サウダージ・ブックスは、その文学的土壌を活かした出版社として、再出発しました。皮切りは、尾崎放哉と黒島伝治の本です。尾崎放哉は、小豆島で最期を迎えた放浪の俳人。黒島伝治は、小豆島に生まれた小説家。どちらも今日、忘れられた文士ですが、素晴らしい作品を残しています。表紙の絵は、nakabanさんにお願いしました。旅する画家であり、僕とほぼ同じ頃、彼も東京から故郷の広島へ戻っていました。同じ瀬戸内つながりで本がつくれたのは、うれしいことですね。

地方で出版や印刷に関わる仕事をしていくのは難しいところもありますが、ちゃんとやれば僕は成り立つと思います。地方の行政や企業、各島の観光協会ほか、団体が出す刊行物など、制作のノウハウがないために関東や関西の編プロに依頼していたものを、地元でつくるといった需要がありますす。逆に東京の出版社から出す、旅行ガイドなどのコンテンツづくりを請け負うなど、地方に根ざしているからこそ、うまく外に伝えられることもあると思います。また、税理士関係者の話によると、香川県の中小企業の広告費は増えてきているそうです。今の時代、新聞広告やテレビのCMもそれほど神通力がないので、だったら自社の理念や活動をしっかり伝えるために、ちょっとクオリティの高い、ストーリー性のある広報誌にお金をかけようという企業も出てきています。僕は外からやってきた人間だからこそ、地元の人にとっては当たり前で見逃しがちな土地の魅力に気づい

『「一人」のうらに
尾崎放哉の島へ』
西川勝／著

『瀬戸内海のスケッチ
黒島伝治作品集』
山本善行／選

カバーは、小豆島の夜明けの海と、黄昏どきの海。両面カラー印刷で、裏側には、美しいもうひとつのブックカバーが隠れている。

「nakabanさんが小豆島に来て、黄昏の海と夜明けの海を描き下ろしてくれました。特別な想いがあります」（淺野）

企業広報誌『オリーヴスカイ』

オリヴ＆アルス叢書

『感謝からはじまる
漢方の教え』
河端孝幸／著

『焚火かこんで、
ごはんかこんで』
どいちなつ／著

たり、拾い上げたりする、お手伝いができたらいいなと思いますね。

——編プロ業務を請け負いながら複数の柱立てで、出版社経営を成り立たせるという苦肉の策も、舞台が変われば見え方は大きく変わる。外部からの人間にとって地元企業との協業は、地域の埋もれた価値の発掘への近道となる。そこから、次の自社本の企画につながる可能性も生まれる。思えばワルテル老人が思想の原点とした、豊島農民福音学校での立体農法とは、稲作偏重の農業を見直し、山がちな地形や土地の気候を活かして、果樹栽培や畜産を組み合わせ、生活の持続を可能にする循環型農法であった。本のない世界から得た先人の知恵を、淺野さんは出版社経営の実践に活かしているようにも思える。

試行錯誤して、今のかたちにたどり着いたんです。書籍の出版だけでやっていくのは、たぶん中山間地域や離島では現実的じゃないですね。通常、出版社としては年々、刊行点数を増やすことが目標とされますが、それは考えていません。やはり売れるのに時間はかかっても、長く読んでもらえるような本をつくりたいです。でも、地方ゆえの営業力の弱さもあり、新聞書評などかなりメディアで取り上げられても、初版部数は一〇〇〇〜二〇〇〇部くらいまで。だから地域の企業や行政、いろいろな団体の想いを出版や編集の技術によって表現する仕事と、並行していく。出版事業に一番大切な「持続可能にする」という目的のために、扱う仕事の幅が広がったわけです。

今、地方の印刷会社と協働で営まれてきた郷土本の出版社は、売上げの低迷と後継者不足で潰れつつあります。郷土本への愛着はありますが、従来の地方出版社と協業するとか、その遺産を受け継ぐという発想はないんです。むしろ違うジャンルの媒体や若い人たちと一緒に本づくりをやっていきたい。その意味では、地方出版の新しいかたちを担っていくのかな、という気はしています。

書籍の購買者層は圧倒的に二〇～四〇代が多いと思います。今の若者は本を読まないと言われますが、実際は年配の読書家になればなるほど本を買わない。時間があるから愛蔵書を読み返し、それ以上蔵書を増やさないために図書館で借りて読む。身銭を切っても本からなにかを学びたいという、切迫した願望をもっているのは、やはり成長の途中にある若い世代です。古きよき文学を往年の文学ファンに向けてつくるのでは、商売は成り立たない。本を売ることを生業にする以上は、明確に若い世代に向け、古き知恵や物語を、新しい装いや意味づけ、文脈、提案のなかで、しっかり届けていく必要があります。

『生きるためのサッカー ブラジル、札幌、神戸 転がるボールを追いかけて』
ネルソン松原／著

「著者はヴィッセル神戸のユースコーチや監督を歴任し、母国ブラジルとのサッカー文化の違いを受け入れ、日本でキャリアを積んだ日系ブラジル人です。取材した神戸大学の小笠原博毅さんに、サッカー指導者としての不屈の生き様を本にしたいと持ち込まれて」（淺野）

若い人の気持ちに届く書物をつくるためにも、地元に若いつくり手が出てきてほしいと思っています。通常、出版の仕事をしたいとなれば、東京や大阪に出て行って就職するのが規定のルートです。細々とでも出版を生業として続けることで、たったひとりでも瀬戸内で「編集やデザインをやってみたいな」「戻ってきても仕事ができるんだ」と思ってくれる人が、出てくれたらと思います。夢は瀬戸内の高校に求人を出して、サウダージ・ブックスに入社してもらえるようにすること。一定期間、インターンで仕事を体験してもらい、双方がよければ採用するルートをつくれたらと。すでにインターンは三人迎えています。これはかなり具体的な目標です。

もうひとつ考えているのは、紙の本の次の可能性はなにか、ということです。僕は、電子メディア的なものだとは思わないんですよ。紙の本を読む時間は誰かと共有することが難しいし、他人や日常と切り離されることで、ひとりの時間が深くなる。孤独の深まりのなかで、今ここではない別の時空からやってくる声と出会う場を提供する「切れて、つながる」メディアです。近年のSNSをはじめ、どこまでも「切れることのないつながり」を実現するためにある電子メディアとは、まったくコミュニケーションの役割が違う。だから、そのまま移行するとは思えないんです。

遡れば洞窟絵画の時代から本が貫いてきた役割は、記憶継承メディアとして人々を別の時空への旅につれていくことだった。出版は斜陽産業ですから、世の中に求められなくなれば、かたちが変わっていくのは避けられないと思います。そのとき、サウダージ・ブックスとして、僕にできることはなにか。それは、まだ未知数です。

●サウダージ・ブックス　https://www.saudadebooks.com/

さようなら〝ひとり出版社〟

浅野卓夫●サウダージ・ブックス

出版した本の問い合わせが途切れることなく事務所に届く、ということがあった。ほんの一日か二日のことだったと思うが、そんなことは経験したことがなかった。

大原治雄写真集『ブラジルの光、家族の風景』を二〇一六年四月に刊行した。大原さんは、一九〇九年高知県生まれ。戦前にブラジルに移住し、農業に従事するかたわらアマチュア写真家として撮影をつづけた。没後十数年を経て、日本ではじめての写真展が開催されることになり、大原さんと写真集のことがメディアで紹介されると大きな反響を呼んだ。日本の津々浦々の書店から注文が入り、海外からも連絡がきた。そして、読者の熱心な感想が続々と届いた。

「サウダージ」はブラジル・ポルトガル語で「遠さへの想い」。僕らは旅をひとつのテーマに出版レーベルの活動をおこなってきた。縁があって瀬戸内に移り住み、おなじローカルとして親近感を抱く四国の高知出身の写真家の本をつくることになった。旅とローカルというふたつのテーマをつなげながら、知られざる作家の作品を世の中に紹介する仕事に、編集者として特別なやりがいを感じた。けれど刊行後の華やぎのなかで、自分の内側で波が引くように何かが遠ざかっていくのも感じた。そしてこんな思いがふと胸に兆したのだった。「これで、おしまいにしよう」

「広く多く」という結果は、出版において正しい。伝えたいと自分たちが願うメッセージの凝縮された本であれば、より広く、より多く読者に届けることが間違いであるはずがない。でも行き過ぎた「広く多く」の思想によって、「小さなもの」を犠牲にするのはいやだった。

多くの人々の協力を得て商業出版の世界に乗りだし、ビジネスとしてつかまり立ちをはじめた頃、周囲を見ると自分の身の丈に合わない大きな存在に囲まれていた。有名な出版社や大手印刷会社、全国の書店や図書館やミュージアム、さまざまな関連会社。まわりにいる誰かのことを「〜さん」ではなく、取引先や外注先や顧客などと呼ぶようになっていた。自分が雰囲気に流されやすい性格であることは誰よりもよく知っている。売上げや利益を一番の価値とする資本主義のレールの上をこのまま進んでいけば、表向きは出版者や編集者としての理想を語っていても、いつか「広く多く」の思想に飲みこまれ、欲に目がくらみ、人を人とみなさないふるまいをするだろう。

だから、「これで、おしまいにしよう」と思ったのだ。そもそもサウダージ・ブックスは、妻とふたりで営むスモールプレスとしてはじまった。小さな本を、小さな場所で、手から手へと受け渡していくこと。仲間同士で知恵や物語や技を持ち寄ってものづくりをし、数の論理や損得勘定を優先しない。何よりも喜びや楽しさを忘れないこと。その原点に帰ることにした。

それに働くことであれ、生きることであれ、ひとりでできることなどはない。ともに本をつくる仲間がいて、本を届ける仲間がいて、本を読む仲間がいる。取引先でも外注先でも顧客でもない「仲間」とは、遠く離れていてもお互いを想いあう固有の名前をもつ一人ひとりのことだ。

写真集刊行の翌年の冬、僕は、背伸びをするために踵にはめた目に見えない「上げ底」をはずした。そして、〝ひとり出版社〟を演じていた過去の自分に、さようならを告げた。

寄稿

column 1

沖縄の小さな出版社

市場の古本屋ウララ●宇田智子

沖縄で沖縄の本を売る

新規開店する那覇の書店に異動してきてしばらくは、沖縄本の棚にかかりきりだった。特に、地元の出版社とのやりとりに追われていた。

沖縄には出版社がたくさんある。戦後の復興期から活動している出版社もあれば、一冊出したきり音沙汰のないところもあり、そうかと思えばある日、名前を変えて復活したりする。全貌はとても把握できないけれど、いま県内の新刊書店に一冊でも本が並んでいる地元の出版社は、五〇社以上あるのではないだろうか。

地方の出版社の例にもれず、沖縄の出版社はどこも小さい。ひとり出版社も珍しくなく、母体が新聞社や印刷会社でも出版部門は数人である。基本的に県内の書店とは取次を通さず直接取引していて、注文するとすぐに届けてくれる。そうして頻繁に顔をあわせるうちに、膨大な沖縄の本が一冊ずつ出版社の人の顔と結びついていき、それぞれの特色も見えてきた。

自分のつくった本を飛び込みで持ってくる人もたくさんいた。著者なのか、出版社と呼ぶべきなのか。自費出版のさかんな沖縄には、思い立ったら誰でも本をつくれるような雰囲気がある。営利目的ではまったくない。掛率や精算の時期について説明しても、「置いてもらえるならなんでもいい」という感じ。納品書を書いたことがないというので近くの文房具屋で買ってきてもらって、一緒に書いたこともあった。

いろいろ戸惑いながらも、沖縄の本を沖縄で売れることが嬉しかった。そのために異動したのだから。東京の書店で働いていたとき、たまたまフェアで扱った沖縄の本があまりに自由で多様で面白くて、地元で売ったらもっと面白いだろうと思った。やがて那覇に新しい店ができることになり、思いきって異動を申し出た。沖縄には行ったこともなければ友だちもいなくて、仕事を通じて何度かやりとりした地元の出版社の人たちが頼みだった。

そこから今にいたるまで、特に「沖縄県産本ネットワーク」*の人たちにずっと助けられてきた。これは一九九四年に発足した、地元の出版社の有志による集まりである。「県産本」とは沖縄でつくられた本のことで、県外で出された沖縄関連本と区別するために生まれた呼び方だという。二〇一五年の会員社は二三社。ここに古書店や電子書籍の出版社まで加盟しているところに、沖縄の出版社の人たちの懐の深さが現れているように思う。

一口に「沖縄県産本」といっても内容は多様で、大学の先生による歴史書もあれば、地元のラジオ番組の投書を集めた本も、家庭の年中行事の手引書も、基地問題の本もある。専門書も一般書も区別せず、「沖縄県産本」と呼んでいる。出版社のカラーが違っても一緒に活動できるのは、各社が「沖縄県産本」に、ひいては「沖縄」に誇りを持っているからだろう。ただ会社が沖縄にあるというだけでなく、そこに根ざした本をつくっているから、「沖縄」を掲げて結びつき、書店やお客さんに働きかけていける。

沖縄県産本ネットワークはもともと編集者やライターの飲み会から始まった、と最近聞いて驚いた。編集ではなく、営業のための集まりだと思っていたから。言われてみれば参加している人はみんな本をつくっているのだけれど、みずから書店に出向いて納品や精算をしているし、フェアやイベントも企画しているので、本屋の私にはすっかり営業の人たちに見えていた。そもそも編集と営業が分かれている出版社じたい、ほとんどないのだった。

月末には手分けして書店を訪ね、店の在庫を一冊ずつ数えて精算する。各店の毎月の売上を自分の目で確かめることは、その人の本づくりにも影響を及ぼしているだろう。出版社の人が「この本はよく売れている」と言うとき、ただ刷部数だけを見ているのではない。あの書店のランキングに入ったとか、あの書店から追加注文が来たとか、いつも現場の話が出てくる。

自分のつくった本がどう売れているかを直に感じてきたから、沖縄の出版社は読み手に必要とされる本を

*二〇二一年現在、「沖縄県産本ネットワーク」は活動休止中。一九年に発足した新しい団体「沖縄出版協会」が、県内外でフェアやイベントを行っている。

つくってこられたのではないか。沖縄県産本の八割以上は県内で売れるという。つくり手と売り手、買い手がみんな近くにいて、ときに入れ替わりもする。

沖縄の出版社が本を卸しているのは新刊書店だけではない。県内の古本屋にも積極的に営業をかけているし、さらには観光施設、道の駅、売店やレストランにまで、労を厭わずに納品している。こんなことができるのは、やはり「沖縄」というキーワードがあるおかげだろう。沖縄について書かれた本だから、書店でないところでも売れる。新刊書店と古本屋、書店と売店。沖縄の出版社はあらゆる垣根をこえて、ネットワークを広げていく。

小さくても遠くまで届こうとする力

私はいま、那覇で古本屋をやっている。新刊書店を辞めて古本屋を始めようと無謀にも思い立ったとき、沖縄の出版社の人たちは、きっとこれからも味方でいてくれると期待した。私が新刊書店の店員でも古本屋の店主でも、変わらずつきあってくれるだろうと。沖

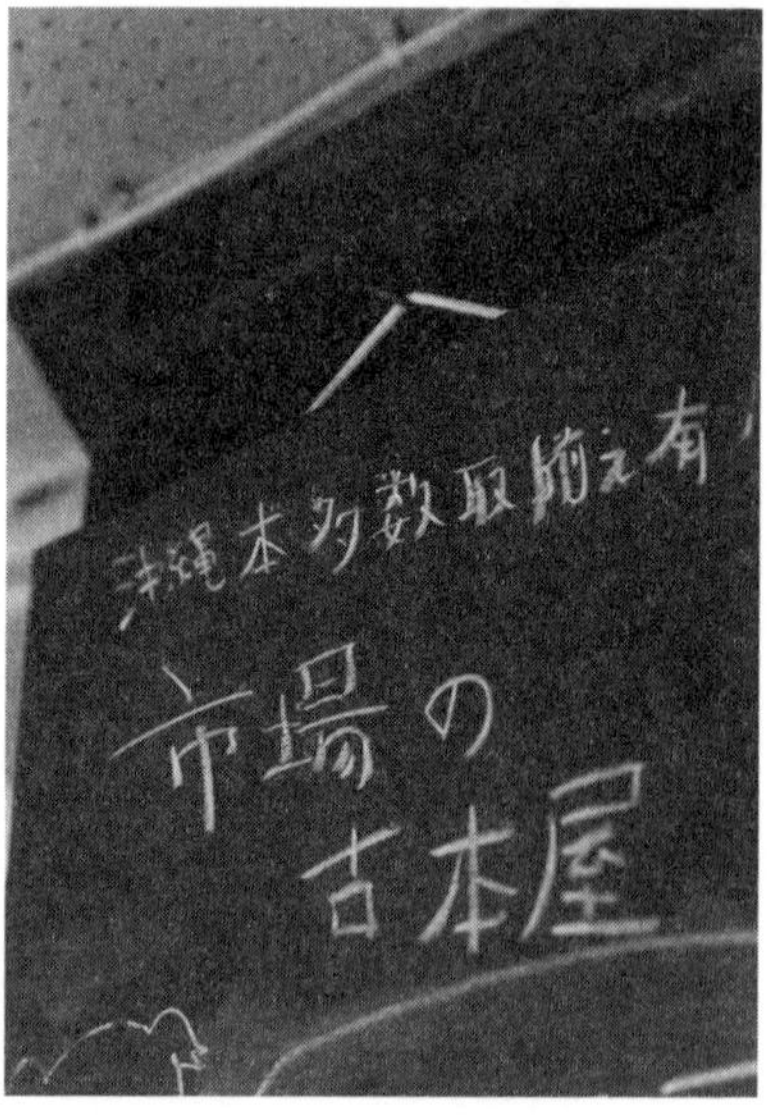

縄に来たときと同じように勝手に心の支えにし、思ったとおりに支えてもらっている。

そのひとつである沖縄文化社さんは開店してすぐに来てくれて、売れ筋の本を新刊で卸してくれることになった。

「南山舎のこの本も置いてみたら」

と勧められ、なぜ他社の本を？　と訝り、そういえばそうだったと思いだした。「日本最南端の出版社」

として知られる石垣島の南山舎は、那覇にある沖縄文化社に、沖縄本島内の流通を委託しているのだ。最初に知ったときは、出版社どうしでそんな関係がありうるのかと感心した。沖縄文化社は家族経営の出版社で、決して人員に余裕があるわけではない。どうして他社の本まで引き受けるのか尋ねてみた。

「自社の本だけ扱っているとどうしても閉塞感が出てくるけれど、南山舎の注文も受ければ書店に行く機会が増えるし、お互いにとってメリットがある」

そして沖縄文化社は、琉球プロジェクトという取次に県外への流通を委託している。琉球プロジェクトは、新聞社で出版社でもある琉球新報社系の取次でありながら、系列社以外の本や自費出版の本まで広く細かく扱う。

みんな小さくて中心から離れたところにあるので、集まって力を出しあって、遠くまで届こうとする。たとえ相手がライバルでも出し惜しみしない。

私は古本屋を始めたころ、いつも「ひとりでやっています」と言っていた。ひとりでない古本屋がうらやましかった。店番を交替でできるから買取やイベントに身軽に出かけられるし、肉体労働も分担できるし、あれこれ話しあえるし、さびしくないし。

続けるうちに、気にならなくなった。ひとりだからできることも、ふたりだからできないこともある。もちろんその逆も。そしてまた、まわりの人が手を貸してくれて、本当にひとりならできないはずのことをたくさんさせてもらった。みんなひとり出版社やふたり古本屋なのに、自分のことのように気にかけてくれる。

こうして地元の出版社や本屋の人たちと一緒に仕事ができるのは、私にとってなにより幸せなことだ。これからも沖縄の出版社が続いていくように、ごくごく微力ながら、沖縄の本を売り続けていく。

●宇田智子（うだ・ともこ）
一九八〇年神奈川県生まれ。ジュンク堂書店池袋本店勤務後、二〇〇九年那覇店開店に際し、志願して異動。二〇一一年同社退職後、「市場の古本屋ウララ」を開店。著書に『那覇の市場で古本屋』（ボーダーインク）、『本屋になりたい　この島の本を売る』（ちくまプリマー新書）、『市場のことば、本の声』（晶文社）。
https://urarabooks.ti-da.net/

那覇市第一
歓迎
2階 食堂全

寄稿

column 2

奇跡の出版社ターラー・ブックス（インド）

タムラ堂●田村実

南インドのベンガル湾に面した都市、チェンナイにターラー・ブックス（Tara Books）という出版社がある。ギーター・ウォルフ女史が中心となって運営する小さな出版社だ。この出版社が、今、世界中の本好きの人たちの間で大評判になっている。

この出版社のことは以前から耳にしたことがあったが、はっきりと認識したのは、イタリアのボローニャで毎年開催される国際児童図書展を訪ねた二〇〇七年のことだ。そこで、ターラー・ブックスが出版した『The Night Life of Trees』という驚くべき絵本に出会った。その絵本には、中央インド出身のゴンド民族のアーティストの手になる不思議な樹木が描かれていた。木は夜になると本来の姿を現すという。神話的な世界が黒く染められたページの中で立ち上がる。

この絵本がすべて手作りだということを知ったときの驚きは忘れられない。ざらっとした手触りの黒い本文紙は古い布（綿や麻）を原料にした手漉きの紙だという。印刷は手刷りのシルクスクリーン、製本も手製本ということだった。まるで工芸品のような絵本。商業出版物としては考えられないことだ。

その奇跡のような素晴らしい絵本との出会いの後、ぜひともこの絵本の日本語版を見たいと思った。日本からの出版の引き合いはないということであったので、いくつかの出版社に日本語版の話を持ち掛けてみた。ところが結果は思わしくなかった。すごい本ですね、という感想とは裏腹に、出版は難しいです、という反応が返ってきた。インドで製作するという点も尻込みする要因であった。どのように販売したらよいかわからないということもあったようだ。要するにあまりリスクを負いたくないということだったのだろう。

それならば、自分で出版してしまおう、という無謀とも思えることを考えたのは、それだけの価値がこの本にはあると確信していたからだと今にして思う。その時は、単に、この目で日本語版を見てみたい、手に取ってみたいと思っただけのことであったのだが。

ターラー・ブックスは、当方の申し出に好意的に対応してくれた。そして、『夜の木』の日本語版が出来上がったのは、ボローニャでの出会いから五年後のことであった。

さて、ターラー・ブックスとは一体どんな出版社なのだろう。ギーター・ウォルフとはどんな人物なのか？　そして、ハンドメイドブックと呼ばれる手作りの絵本は、どのように制作されているのだろうか。そこには、これからの出版を考えていく上で何か大きなヒントがあるのではないか。

『夜の木』（The Night Life of Trees）を日本で出版した半年後、どうしても現場を見たくなり、南インドのターラー・ブックスを訪ねる旅に出た。

チェンナイという町は、かつてマドラスと呼ばれた南インドの古い都市で、今は自動車産業やＩＴ企業などの進出で、大きく変貌しつつある。ターラー・ブックスのオフィスは、町の中心からすこし外れた、海からさほど遠くない場所にあった。

そのすっきりしたデザインの美しい建物を見たとき、まず、この出版社のセンスの良さに感心した。彼らがブック・ビルディングと呼ぶこの建物が完成したのは二〇一二年のことだ。出版社のオフィスというよりは、出版を主軸にした彼らの精力的な活動の拠点である。作家や画家と一緒になってユニークな企画を練り上げていく「場」であり、人々が集う地域のセンターでもある。ある意味で、出版社という運動体のひとつの理想の形かもしれないと思った。

ギーターさん（左）と制作の責任者アルムガムさん（右）。

入口を入ったところに、自社出版物のショールーム兼販売所があり、その奥には、ワークショップや講演会、展示会などを行うスペースがある。そこでは、ゴンド民族の代表的なアーティスト、バッジュ・シャームによって描かれた巨大な樹木の壁画が私たちを迎えてくれる。村の中心の大樹の下に人々が、そして鳥や獣たちまでもが、こぞって集うというイメージなのだろうか。本を出版するだけでなく、地域の人たちや子どもたちに向かって直接、文化を発信していくことの意味は大きい。このインドの地では、日本などとは比較にならないほど重要なはずだ。また、この建物の上階にはゲストルームがある。ここにアーティストが長期滞在し、一緒に絵本を作り上げていくこともあるという。なんとも羨ましい。

ギーター（と呼ばせてもらう）は、ドイツの大学で比較文学の教鞭をとっていたが、インドに戻り、友人たちに声をかけ一緒に出版を始めた。一九九四年のことだ。その仲間たちは、学者、作家、デザイナーなどであった。つまり、ターラー・ブックスの出発点は、いわば、クリエイターたちの共同体のようなものであった。ギーター自身、作家でもあり、いくつもの著作がある。

ギーターがまずは子どもの本を出版しようとしたのは、わが子に読ませたいような本がインドにはなかったからだという。教訓的な内容の安手なものしかなかった。しかし、当時、インドで質の高い児童書を出版していくことは、実に困難なことだった。なかなか理解されず、営業的にも厳しく、高い製作費に悩まされる日々であったことは容易に想像できる。にもかかわらず、本づくりに際しては、決して妥協しなかった。ギーターたちの志の高さには心を打たれる。

やがてターラー・ブックスのユニークな視点からの絵本づくりが国際的にも評価されていった。子ども向けの絵本、読み物、アートの本など、さまざまなジャンルで魅力的な出版活動を続けている。その中でも、ひときわ注目されているのは、ハンドメイドブックと呼ばれる、いわゆる手作業によって作られた絵本のシリーズである。ボローニャで出会った、あの絵本だ。

工房内でシルクスクリーン印刷を行なっているところ。

ターラー・ブックスの車

ポンディシェリの製紙工房で、手漉きの紙を漉いているところ。ターラー・ブックスは、以前、この工房から紙を仕入れていた。

1階の奥のパティオの壁面に描かれた大きな木の壁画。

『夜の木』
シャーム、
バーイー、
ウルヴェーティ／著
青木恵都／訳

重版の度に毎回表紙の絵を変えている。2021年には第10刷が出るロングセラー。

その製作現場を案内してもらった。チェンナイの郊外にある工房では、一五人ほどの若い職人たちが黙々と印刷の作業をしていた。窓から差し込む光のもとで、一枚一枚、丁寧に確認しながら手で刷っている。あたりにはインクの匂いが立ち込めている。その姿は、感動的であった。ちょうど日本語版の『夜の木』の二刷を印刷しているところだった。

インドのさまざまな民族に伝わる伝統的な文化には、魅力的なものが多い。特に、ゴンドやミティラー、ワルリーなどの民俗絵画は、もともと家の土壁などに描かれたものであるが、造形的にも現代アート的な斬新さと面白さがある。そこには、何よりも自然と共生する暮らしが感じられる。ターラー・ブックスは、さまざまな民族の画家たちとの共同作業によって絵本を作り上げている。それぞれの伝統的な文化に根ざした世界を新しく絵本の形で伝えていこうとしている。ローカルなものを突き詰めていくと、それが普遍性を持つものになっていくという見事な実例がここにある。

一方で、ターラー・ブックスのもうひとつの特徴は、その国際性である。ギーターは、国境、人種、言語、宗教、文化などの壁を乗り越え、面白いと感じるものを貪欲に取り入れているように見える。インド国内のみならず、海外の作家や画家たちと交流をはかり、時には共同で本をつくっている。ターラー・ブックスは、そのような開かれた場でもある。

二〇一二年の初夏、日本語版の『夜の木』の初版一〇〇〇冊が、南インドのチェンナイ港で船積みされ、はるばる東京港に到着したときの感動はひとしおであった。さて、これをどう販売したらよいか。何も考えていなかった。なるようになる、なるようにしかならない。手探りで始めた出版活動ではあったが、なによりも嬉しかったのは、この絵本を購入してくださった方たちからのたくさんのお便りであった。この本を日本で出版してくれたことに感謝します。私の宝物です。そんな読者の声に支えられて『夜の木』は版を重ねている。

当初、出版など考えていなかったが、タムラ堂として『夜の木』の日本語版を出版した後、思い切って『雪がふっている』という小さな本を発行した。これは、アメリカのアーティストで絵本作家としても知られるレミー・シャーリップの絵のない「絵本」である。短い文章だけを頼りに、想像力によって白いページを読みすすめていく小さな本。なんとも大胆な発想の本である。日本語版は、柔らかい用紙、活版（亜鉛凸版）印刷、手かがり製本など造本にこだわった。

この本は、もともとアメリカで一九八三年に出版されたものであったが、ほどなく絶版となってしまった。ところが、パリの小さな出版社、レ・トロワ・ズルス（「三匹のくま」の意）が二〇〇〇年にフランス語版を世に出していた。嬉しい驚きであった。児童図書館員であった三人の女性によって作られたレ・トロワ・ズルスは、絵本を出版するだけでなく、活発なワークショップや展示会などを通して本の魅力を伝えていく活動を展開している。なんとターラー・ブックスとは親しい仲間同士であった。いろいろなつながりが見えてきて、世界が一挙に小さくなった。

世界には、小規模ながらも面白い出版活動をしている人たちがいる。多くの出版社が大手企業やコングロマリットなどの傘下に取り込まれてしまい、かつてのような大胆で魅力的な本を出版することが難しくなっている状況がある一方で、出版の可能性をぎりぎりまで追求し、独自の道を切り開いている小さな出版社がいくつもある。ターラー・ブックスはそのような出版社の「星」（ターラーとはヒンディー語で「星」を意味するそうだ）と言えるかもしれない。

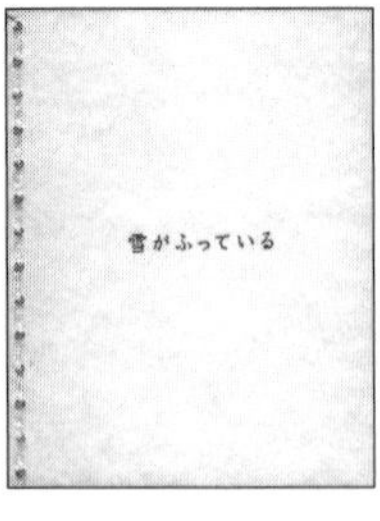

『雪がふっている』
レミー・シャーリップ／作
青木恵都／訳

●田村実（たむら・みのる）
一九四九年、東京生まれ。児童書出版社勤務を経て、二〇一二年、タムラ堂を立ち上げる。出版、ギャラリー展示企画などを中心にゆるやかな活動を続けている。『夜の木』に続き、インド発のハンドメイド絵本『世界のはじまり』『太陽と月』、切り絵絵本『月夜の森で』など、絵本の可能性を広げるような作品を出版。
https://www.tamura-do.com/

第三章

信じる〝おもしろさ〟を貫く

家族を支えた
あれもこれもが今につながる

ゆめある舎・谷川恵

yumearusha　megumi tanikawa

あるときから小さなブックカフェや雑貨屋さんなど、雰囲気のいい店できまって目にする、一冊の美しい本があった。タイトルは『せんはうたう』、詩は谷川俊太郎、絵は染色や装画で活躍する望月通陽。ときめく胸を抑えて冷静に値段を見ると、思ったほど高くない。贈り物にもぴったりだ。谷川恵さんはふだん、音楽家、谷川賢作さんのマネジメントオフィスを妻として支えている。ふたりの子どもを育て上げた母親でもあり、詩人の谷川俊太郎さんは義理の父にあたる。二〇一三年出版社立ち上げの一念発起に、まず駆り出されたのは義父の俊太郎さん。表紙の楽譜には夫の賢作さん、社名は娘と息子の名前からつけ、ブログの写真撮影には娘の夫で写真家の淳さんまでもが駆けつけることに。谷川家はじまって以来の家族総動員、家内工業の内幕とは……!?

思い詰めたら一直線

今、小出版社の方がよく取材されていますけれど、私はそのような記事を読む側でした。島田潤一郎さんの『あしたから出版社』（晶文社）という著書がありますよね。私は周りの人から、「恵さんは『きょうから出版社』という本を出したら？」なんて言われていました。それくらい切迫した勢いで周りを巻き込んで、実はなにもよく知らないまま、すべてをはじめてしまったんです。

――きっかけは、賢作さんの楽譜集『歌に恋して』の制作にあたり、大ファンだった望月通陽氏に表紙の絵を依頼したところ、六一枚もの絵が届いたことだった。

恐る恐るお願いして「いいよ」と引き受けてくださったんですが、しばらく連絡が来なくて心配していたんです。そうしたら「いやあ、僕、描けて描けて描けちゃって」と望月さんからお電話があって。「恵さんの好きに使っていいですよ」と、新幹線に乗っている間に描き上げたという、スケッチブック一冊分の絵が届いたんです。表紙の一枚だけのために六一枚も描いてくださって、残りの六〇枚があまりにも素晴らしく、表紙が決まったあとも気になって仕方がなくて。ずっとスケッチブックを眺めていました。

――「これに俊太郎さんの詩がついたら」と夢がふくらんだ。そこから先は「身内の強み」という恵さん。とはいえ、相手は国民的詩人である。嫁と義父という間柄を考えると、なんの伝手《つて》もないより、かえってハードルが高そうにも思える。

初めは、書きおろしという図々しい気持ちはなかったんです。俊太郎さんの詩には音楽的な詩がたくさんありますから、そのなかのいくつかを絵と組み合わせて、掲載許可をいただこうと考えていました。ところ

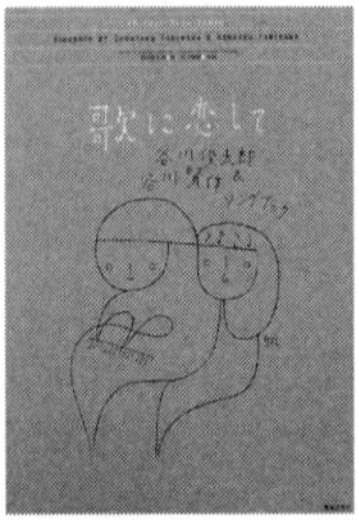

楽譜集『歌に恋して 谷川俊太郎&谷川賢作ソングブック』
谷川俊太郎／詩　谷川賢作／作曲　音楽之友社

が、俊太郎さんまで「書けちゃった」と言うので、これは大変なことになったと。届いたテキストにはひとつひとつの絵にあてた言葉が、もう揺るぎない作品としてありました。「ああ、天才とはこういうことなんだ」と深く感じ入ったんです。お願いしたことに対していいものが返ってくるだけではなく、予想もしなかったもっと大きなものが返ってきたことで、「ああ、谷川家の嫁でよかった」という気持ちとともに、「ちゃんとした本のかたちにしなければ」という責任を強く感じました。それが出版社を立ち上げる原動力にもなりました。

——企画を考えついた当初は、どこかの出版社に持ち込むつもりでいたのが、本のイメージがどんどんふくらんだ。どこまでも自分の手でやってみたい。募る想いが勢いとなって、

『せんはうたう』表紙原画。夫の賢作さん作曲のタイトルは「昼の鳥」。望月氏の手により五線譜に小鳥や動物が迷いこみ、今にも歌が聞こえてきそうな絵となった。

俊太郎さんの原稿が届いた二日後にはデザインを依頼。デザイナーの大西隆介《たかすけ》氏（direction Q）とはほとんど面識がなかったが、娘が知り合いだった。その翌日には、美篶堂《みすずどう》の上島《かみじま》明子さんを訪ねている。こちらは妹の友人。依頼を受けた上島さんは、親方（美篶堂創業者・現会長）をはじめ、工場のスタッフ全員に「なにがなんでも」「無理してもやりたい」と伝えたという。恵さんの熱意は、上島さんの感激を通して製本現場の隅々にまで共有された。

当時のブログを読み返すと、こんなに思い詰めた熱意で頼まれたら、みんな嫌とは言えなかっただろうなと思います。一一月にスケッチブックを受け取って、クリスマスには俊太郎さんに巻頭詩まで書いてもらって、四月の初めにはもう出版しているんですよ。四月に一周年記念を迎える、大分の望月通陽ミュージアムで販売してもらえることになり、ほかに売るあてがひとつもなかったものですから、とにかく間に合わせようと五ケ月間突っ走りました。

私のなかにはまず、軽やかな本、見開きで手のなかに入る判型のイメージがありました。最初に「このページ数だと束《つか》（背幅）が出ない」「ブックケースに入れる本にするには薄すぎる」と大西さんに言われました。紙を厚くすると柔らかな絵と合わないし、軽やかさも出ない。そこへ大西さんが、袋綴じのアイデアを出してくださったんです。複雑な製本にしても手製本なら大丈夫ということで、最終的には美篶堂さんにすべておまかせしました。

本当は布張りにしたかったんです。でも、俊太郎さんに「二〇〇〇円でお釣りが出る本にして」

美篶堂伊那製本所にて　写真：谷川淳

『せんはうたう』
谷川俊太郎／詩
望月通陽／絵
タイトルの軽やかさをそのままかたちにした袋綴じとフランス装の表紙。

『せんはうたう』の完成を祝って、娘夫婦から贈られた額。

印刷は大西氏と上島さんの両方から推薦された山田写真製版所に依頼。３色の青を混ぜた特色インクがつくられた。名付けて「せんはうたうブルー」。本文を印刷してふたつ折りにするまでを山田写真製版所で行い、扉など部材の切り出しからページごとに並べる丁合い、完成までの手製本は、長野県にある美篶堂伊那製本所で行われた。

とはっきり言われたので、それが縛りになって本体価格は一八〇〇円。布張りにすると二〇〇〇円をオーバーしてしまうので諦めることにしました。

——手製本で気になるのはコスト。少部数で価格を高くするなら、いくらでも贅沢なつくりにできるが、二〇〇〇円以下となるとそうはいかない。初版は最低二〇〇〇部は刷らなければいけなくなった。「詩で食べていく」という難題を乗り越えてきた一流の詩人は、助言もまた一流だった。読者の手にとりやすい価格にしたことが功を奏し、本の世界には珍しくリピーターが続出したのだ。

ひとり一冊ではなく、ひとりの方が二冊目、三冊目をプレゼントとして再購入いただけるのが、さらにうれしいことです。暮れにも一般の方から、お年賀用にまとまった数の注文をいただきました。電話で「間に合いますか？」と聞かれて、「今日発送します」とお返事したんですが、まさか私がひとりでやっているとは先方も思っていないので、「ラッピングはできますか？」と言われて、「とても無理です〜」と、大急ぎで郵便局に走ったんです。好きで取次を通さないわけではなく、原価率があまりにも高くて、それ以上経費がかかるともう赤字なんです。そんな事情もあって俊太郎さんには「原稿料はいいよ」と言われていたのですが、幸い二刷、三刷と版を重ねることができたので、印税はきちんとお支払いいたしました。みなさん「困ったら、俊太郎さんにお金を借りればいい」と気楽におっしゃいますが、そこはやはりきちっとしていかないと（笑）。親しき仲にも礼儀ありです。

――大阪のある婦人科クリニックからは定期的に五〇～一〇〇冊単位の注文があり、治療を終えた患者さんへの贈り物にふさわしい一冊として喜ばれている。大きな注文は工場から直送してもらうが、ふだんは恵さんが一冊一冊プチプチで梱包して発送する。嫁いだ娘の部屋はダンボールが山と積まれ、在庫のための倉庫と化した。直販のよさは書店と直接つながっているところ。「友だちに大切な贈り物を届ける気持ちになる」と恵さんはいう。現在『せんはうたう』は約九〇店舗で委託販売されている。取り扱いは書店のほか、ギャラリーや雑貨店などさまざまだが、ある一定層の好みにぴたりとはまるラインが見える。毎回二〇〇〇部ずつの増刷で四刷も間近、じわじわと一万部に手が届いていく。

売る人もこの本が好き、買う人も、もう一冊買って誰かにプレゼントしたいくらい好き、というところをうまく目指していきたい。そうすればお金で返ってくるものは少なくても、気持ちに返ってくるものが大きいと思うんです。でも、気持ちばかり優先していると、ただの趣味になってしまうので、そのあたりはちょっとした意識の違いです。黒字をどんどん出していくような本ではないですが、ギリギリでも大赤字は出さない線を守ろうと常々考えています。もっと売らないといけないですね。商いのことだけではなく、これだけいい作品をいただいたのですから、もっと多くの人に知ってもらいたいです。

夫の会社のサポートと父母会だより

――「突っ走ったわりには、すごく緻密ないい仕事でびっくりした」と義父の俊太郎さんも喜んだ『せんはうたう』は、日本タイポグラフィ年鑑二〇一四エディトリアル部門で、ベストワーク賞を受賞。デザインを依頼する際、「まったく素人なので丸ごとお願い」の状態だったそうだが、初めての本づくりで、思い切ってまかせるところ、譲れないところの線引きは鮮やかに思える。

夫の仕事でＣＤやブックレット

撮影協力：HADEN BOOKS

をつくるのを、手伝ってきたのが大きいと思います。「トゥルバドールカフェ」という、自主レーベルを主宰しているんです。自分たちで自由にCDをつくれるのはいいのですが、関わる人みんなが意見を言いだすと、停滞してしまうこともある。あるとき、夫がデザイナーさんに「あなたにまかせたんだから、あなたが決めてくれ。デザインは民主主義じゃないから」と言ったことがあったんです。「いいこと言うな、この人」と思って。大西さんが迷うことはあまりないでしょうけれど、今回の制作で私が「こんなの嫌」と言ったら、それっきりになってしまう。もちろん自分の意見は強くあるので、どちらがいいかと聞かれれば答えますが、そうでなければなるべくがまんします。専門の方、それぞれの考えがまとまるまで少し待っていよう、と。

——プロの編集経験はなかったが、娘と息子が通っていた自由学園の「父母会だより」をつくった経験も「やればできるんじゃないか」という気持ちを後押しした。自由学園は婦人之友社と創立者を同じくしていることもあり、「父母会だより」にも出版社なみの表記統一表がある。「お当番」「お食事当番」の「お」はつけないが、「お食事作り」の「お」はつけるなど、学園特有の「高頻度校正用語」が一覧になっているという。

「父母会だより」の委員が集まって、何度も何度も校正して先生にも確認していただき、発行していました。原稿を書くのも素人の父母ですが、ちゃんと原稿依頼状を出していたんですよ。子ども

たちの問題を書くときには、くわしく書きすぎてもいけないし、綺麗ごとでもいけないし、落としどころが難しいんです。創立者の羽仁もと子先生の著作の引用は、父母会室にずらりと並んだ著作全集から必ず出典を探し出して明記し、間違いがないか慎重にチェックします。引用元を見つけ出すのが至難の業で。委員のメンバーに出版に慣れた方がいる場合もあって、漢字を平仮名に直すことを「〝ひらく〟と言うのよ」と教えてもらったり。みんなで赤字を入れる作業は、とても楽しかったですね。

――ふだん夫の会社の仕事では、納期とコストばかりを気にして、CDなどの制作時も「ちょっと待って、それはいくら？」と水を差す役まわり。人もうらやむ文化系セレブと思わせて、やはりそこは自営業者の妻である。

ちなみに簿記二級。取材の冒頭「最初に私は大事なことを言わなくては」と話しはじめたのも、自身が「出版で生計は立てていない」という内容だった。

ゆめある舎は原価率の高い本を出していますが、私の場合、夫の会社の経理の仕事が本業です。従業員としてのお給料を貯めてゆめある舎をはじめたので、なんとかなっているんです。仕事場も自宅ですから、かかる経費は本の原価に関わるもの、送料、接待交際費、ホームページの運営費程度。若い方が自分で事務所を借りて、出版で稼いでいこうというのはね……。

――そう言って、若い人への影響をしきりに心配する。それもそのはず、恵さんは今でいう「小商い」が注目されるよりもずっと前、賢作さんと二一歳で結婚してから、常にそばで活動を支えてきた。会社設立の手続きをはじめ、制作物の原価計算や在庫管理、注文対応、発送などの細かい事務まで、音楽家だけに苦手な賢作さんに代わって一通りやってきた。思えばその経験も、「やればできそう」な気持ちにつながった。

昔はふたりでカセットテープを売ったりしていたんですよ。彼が演奏した曲をダブルカセットデッキでコピーして。池袋にアール・ヴィヴァンという洋美術書専門店があったんですが、そこで一〇個とか置いてくれたんです。売れたかどうか、ふたりで見に行ったりしていました。それがそのうちCDに代わって、ブックレットやチラシなど印刷物には目を通さなくちゃ、となっていった。出版のプロとして鍛えられたことはないけれど、ちょこちょこモノをつくったり、売ったりしてきたことが、最終的に本を出すときにすべて活かされていますね。今、株式会社は資本金一円からつくれます。でも、ゆめある舎として信用を得るためには一円じゃ困るから、以前、夫の有限会社を設立したときと同じ、資本金三〇〇万円と決め、自分の貯金から用意しました。全部赤字になったら、そこで会社を畳むしかない。三〇〇万円で回転できる範囲で商売をしようと思っています。

きっかけは一片の切り抜きから

――二〇一五年の年明け、ゆめある舎は二冊目の詩集『くだもののにおいのする日』を刊行した。初版は一九八〇年、駒込書房より刊行された詩人、松井啓子の処女詩集の新装復刊である。雑誌に掲載された一篇の詩「うしろで何か」に強く惹かれた恵さんは、収録詩集をずいぶん探したが、絶版で今は手に入らない。処女詩集のあと、二冊の詩集を刊行したが、その後、詩の世界から姿を消した詩人に連絡するすべもない。今度は、現代詩に詳しい思潮社編集部にいる知人が駆り出され、ようやく連絡先をたぐり寄せることができた。

この詩集をようやく手に入れたとき、すべての詩が私の好みのど真ん中で、どこにもないなら自分で復刊するしかないと思ったんです。『文學界』に引用掲載されたのを読んだのが二〇〇五年です。それからずっと、そのページのコピーを手帳に挟んで持っていました。自分が出版をやるとか具体的に考えるよりも前に、とにかく「読みたい」という気持ちがいつも胸にあったんです。

――筆を折るかたちで詩から遠ざかっていた詩人にとって、若い頃の自分の作品に再び向き合うのは容易ではなかったという。一年の制作期間、ひとりの詩人を励ましながら、自分自身も励ます日々だった。困難にぶつかるたび、大切に持っていた一片の切り抜きを、お守りのように取り出してはながめた。

松井さんが校正刷を見て、「若い頃は、どうして私、こんなこと書いたのかしら」とおっしゃったときは、内心ハラハラしました。「やっぱり復刊はやめましょう」と言われたら、そこで終わってしまう。版画もたくさん刷っていたあとでした。あとがきのご執筆に入られてからも、「何回書き直しても、ふくよかな文章にならない」とメールにありました。それだけに「書けました」とご連絡があったときは、自転車をとばして出かけたんです。あとがきはお風呂屋さんの話でした。この詩集のなかにはお風呂の詩がずいぶん出てきますし、昔のあとがきも湯治場の話でした。「湯気の立ちのぼっているような文ですね」とお伝えすると、やっぱりほっとされたんでしょうね。にこっと笑って「あとがきが書けたら、主人と旅行に行くことになっているんです」と。ご主人が復刊に乗り気で、常に松井さんを応援してくださったことは、私にとっても、とてもありがたいことでした。

――「丁寧な気持ち」と「丁寧な仕事」を積み重ね、ようやく詩集が完成した日、恵さんはまたも自転車をとばした。

松井さんは「綺麗につくってくれてありがとう」とうれしそうに受け取ってくれました。しばらくお茶を飲んで話してから、「言おうかどうか迷ったけれど……」と、その日が誕生日だったことを教えてくださったんです。そうとは知らずに目標にしてがんばっていたその日が、松井さんの誕生日だった。ますますうれしかったですね。

――帯文を書いた作家の多和田葉子さんとは、高校時代の同人誌仲間。恵さん自身も文芸部に所属し、当時はずいぶんものを書いていたという。俊太郎さんとの出会いもその頃だった。現代詩の書き方を高校生にレクチャーする『谷川俊太郎の現代詩相談室』（角川書店）に、俊太郎さんの生徒として恵さんが登場している。

『くだもののにおいのする日』
松井啓子／詩　沙羅／装画
表紙は果物の鮮やかさを出すため、基本の４色に蛍光色を混ぜた特色インキを使用している。
「大西さんのディレクションで、詩人の目に映った“ありふれた日常のなかにあるズレ”を沙羅さんに表現してもらうため、一年がかりですべての版画を彫っていただきました」（谷川）

思い切って白状しますと、多和田さんと、もうひとりの友人と三人で詩の同人誌をつくっていたんです。文芸部では、伊藤比呂美さんなどの現代詩をみんなで偉そうに評論したりして、思いおこせば恥ずかしいことばかりですね。ポチポチ詩などを書いて、両面コピーをとって綴じて、一五〇円くらいで売っていました。目次をつくったり、体裁を気にしたり、絵のうまい子に表紙を描いてもらったり……。今、本をつくるようになって、そういえばあの頃もよくやっていたな、と思い出します。『現代詩相談室』に関わったのは高校三年生のときで、文芸部のOBが企画したのがきっかけでした。その本も隠滅したと思っていたら、先日ブックカフェで見つけて、なるべく奥に引っ込めたりして（笑）。俊太郎さんとも長いお付き合いですね。

周りの人に生かされて今の自分がある

――今後のラインナップは、ジャンルにこだわらず詩集のほかにも取り組んでみたいという。

「次も俊太郎さんの本ですか？」と、たいていの方に聞かれますが、「こんな小さな出版社ですから、俊太郎さんの本は何冊も出せません」とお答えしています。ずっと助けていただきっぱなしというわけにはいかないですからね。一〇冊分のISBNコードをとったんです。これからは漫画と絵本を一冊と、大好きなブルガリアに関する本を出版したいです。その先は、実はまだよく考えていないんです。

――「タイミングでこうなってしまった」という恵さん。思い詰めたときのエネルギーに満ちたエピソードとは裏腹に、語りは肩の力が抜けた自然体。家族を助け、自分も助けられながら、やりたいことに向かっていく姿には、世代を感じさせないしなやかさがある。

自分でもあれよあれよ感がありますね。文学少女がブレずに出版を目指して行き着いた、というわけではなく、周りの人との関わりのなかで自分の生き方が決まってきた。自然体というとカッコいいですけれど、私も常に機嫌よく生きてきたわけじゃない。あたふたしながら、もっと働きたいと思ったり、もっと子どもの世話をちゃんとしてやりたいと思ったり、右往左往しているうちに、ふたりの子どもも大きくなっちゃって……。半分主婦で、半分自営業者みたいな時期が長かったから、主婦の気持ちも、働くお母さんの気持ちも両方感じることができました。世間ではすぐに、その人のいる立場をある枠で括ろうとしたり、例えば「公園デビュー」なんて言葉をつくって物事をパターン化しようとしたりする。けれども、実際にはいろいろな人がいるし、ひとりの人間のなかでも、いろいろな境を行ったり来たりしている。もっといい加減でもいいのに、とは思いますね。女の人って自分の時間が細切れになりやすいから、「これはさせてもらいます」みたいなことが、ひとつはあってもいいんじゃないかな。その人がやりたいように。

●ゆめある舎　https://www.yumearusha.com/

「ひとり」から広がってゆく幸せな仕事——谷川恵●ゆめある舎

「ゆめある舎」って、我ながらいい名前をつけたなぁ、って思います。ひらがな四文字がみんな丸いのがいい。この社名とともに八年間。超スローペースで四冊の本を発行しました。最初に発行した『せんはうたう』は静かにずっと売れ続け、七刷目を製本作業中です。本づくりはとにかく楽しいです。頭のなかでぼんやり考えているのも、具体的にひとつひとつ決定してゆくのも、人と会って打ち合わせをするのも楽しい。完成したら眩暈《めまい》がするほど嬉しくて、注文がきたり売れたりすると、自分が認められたような誇らしい気持ちになる。つくづく幸せな仕事です。相変わらず副業ですけど。

『〝ひとり出版社〟という働きかた』が発行され、韓国語版・台湾繁体字版に翻訳されたことで、私の世界も広がりました。二〇一七年に、研修プログラムで来日中の韓国の出版関係の方々と会う機会がありました。韓国語版を読んで、私に会いたい、と言ってくださった方がいたのです。書店と出版をされている女性の方でした。他にも、出版社勤務の方、デザイナーの方などと、色々なことをお話ししました。二〇一九年には台湾に出かけ、台湾繁体字版『一個人大丈夫』を発行した柳橋出版の李家騏《リージャーチ》さんに出会い、彼の案内で書店やブックカフェを訪ねました。台湾の出版事情や次の本の企画など、歩きながらも話は尽きませんでした。書店で『一個人大丈夫』を見つけ、ふたりで大喜びして本を手に取って写真を撮りました。「ゆめある舎」を始めていなかったら、出会えなかった人たちだなぁ、と考えると、自分でも不思議です。

二〇一九年一一月に、念願かなって多和田葉子さんの詩集『まだ未来』を、活版印刷・夫婦箱入りで発行しました。詩の書き下ろしをお願いしてから一年以上待ったので、完成時には気が抜けたようになりましたね。二〇二〇年元旦には、多和田葉子さんが朝日賞を受賞され、授賞式の会場に『まだ未来』を展示していただきました。今年は素晴らしい年になるに違いない、と浮かれていたんですが……。四月に企画していた銀座・森岡書店での「まだ未来展」が、新型コロナウイルスによる緊急事態宣言で開催中止。先の見通しが立たず、暗澹たる気持ちになりました。でも、ゆめある舎は、コロナ禍でも売上が激減せずにすみました。取引先の書店さんが、これを機に通販を始めたりして頑張ってくださったおかげです。また、ツイッターで小説家の川上未映子さんが本を紹介して下さって、三〇〇冊近い注文がはいるという、SNSの力を感じる出来事にも助けられました。

現在は五冊目『バラの国の唄がきこえる』を制作中です。ブルガリア人のビリャナ・ストレムスカさんの画集です。ブルガリアに行って直接打ち合わせをすることが出来ず、通訳の人を挟んでメールのやりとりだけで進める本づくりは、今まで以上にすべてが手探りで、不安がいっぱいです。でも、私には完成した本をしっかりと胸に抱きしめる自分の姿が既にイメージ出来ているんです。「唄がきこえる」だけじゃなく、「バラの香りもする」ような本が、出来るはず。出来ます。つくります、必ず。

好きな仲間たちと
好きなものの本質を伝えたい

ミルブックス・藤原康二

mille books koji fujiwara

撮影協力：cafe+gallery 芝生

暮らしやアート、旅、食、音楽……毎日の生活を、ほんの少し豊かにしてくれるミルブックスの愛すべき本たち。屋号のmilleはフランス語で一〇〇〇の意味。二〇〇二年、一〇〇〇部限定で本をつくったことにはじまり、いつしか一〇〇〇年後も残る作品をつくりたいという想いにふくらんだ。親しいクリエイターたちとの本づくりと連動して、雑貨製作やイベントの開催にも意欲的な藤原康二さん。日常の小さな「楽しい」をコツコツ集めて編み続け、一〇年以上になる。心地よさをかたちにしていく秘密はなにか。東京都内の自宅兼仕事場でお話をうかがった。

ミックステープづくりと社内自営業

本当はこんな文化系の仕事をする気はなくて、大学の専攻は基礎工学だったんです。ここなら科学も物理も建築もあるから潰しがきくな、と高校生なりに考えたんですが、授業を受けて五日くらいに自分には理系が合わないと気づいて。当時は元電通の佐藤雅彦さんが「バザールでござーる」や「ポリンキー」などのヒットCMで注目されていた頃でした。佐藤さんみたいに理系出身で広告を突き詰めている人もいるからという浅はかな理由で、自分も広告代理店を志望したんです。もともと表に出るより裏方の仕事に興味があったんですよ。大学の頃に『広告批評』を読みはじめて、「あのCM、この人がつくっているんだ」とか、映画や音楽もやたらクレジットを見るのが好きで。アーティストよりも、このジャケットは誰がデザインしているとか、誰が楽器を弾いているとかのほうが気になっていました。

子どもの頃はファミコンブームだったんですが、クリスマスプレゼントに「ファミコンかラジコンかCDラジカセ、どれがいい?」と聞かれて、CDラジカセを選んだ時点で、もう将来が決まった。まわりがラジコンとかファミコンをやっているなかで、友人のお兄さんやレンタルレコード屋から、CDやレコードを借りてきてミックステープをつくっていた。それを仲のいい友人にプレゼントしたり、雑誌についているカセットレーベルにコラージュを加えて、オリジナルのジャケットをつくったり。たぶんそれが、私の編集のルーツじゃないかと思います。

ふつうの人は本が好きで、出版社をはじめると思いますが、私は自分がいいと思うものを人に教えることがしたいのだと思う。中学、高校の頃はバンドブームで、インディーズがインディペンデントの略だとも知らずに夢中になっていた。別に大手の力を借りなくても、おもしろいことができるというインディーズ思考を、刷り込まれたのも大きかったかもしれないですね。


――就職はバブルが弾けたばかりで狭き門だった、広告代理店になんとか滑り込んだ。制作部署への希望はかなわず地元名古屋の営業部に配属され、体育会系ノリのクライアント至上主義に心身をすり減らす日々。すんなり理系の技術職へ進めば、「大手会社の内定が採れていたものを」と嘆いた両親も、最後には「自分で選んだ道なのだから」と、最低三年は辞めないことを条件に承諾してくれた。

四年目に辞めようと思っていたら、営業企画部という新しい部署に配属されたんです。簡単に言うと、そこでは新規開拓営業をして、とれた仕事の広告制作も全部自分でやるという。社内に専業のデザイナーやプランナーもいてちゃんと分業されていたのに、うちの部署で扱うものは予算が少ないから引き受けてくれないんですよ。例えば、キャンペーンでグッズをつくるとなると、名古屋の問屋街に出かけてつくれそうな会社を聞いてまわり、足で探すところから仕事がはじまる。ラジオドラマの台本や、ポスターのコピーなんかも自分で書かないといけない。「もう雑用ばかりじゃん！」と思っていたんですが、そのときの経験で今の活動ができている。原稿の書き方、イラストレーターやカメラマンへの依頼、印刷物やグッズの発注の仕方など、そのときに全部覚えたんです。

——新しい部署に移って三年。慣れるまでは試行錯誤だったが、気づけば営業から広告制作までひとりで動かせるようになっていた。「もうね、社内で自営業ですよ」と笑う藤原さんだが、当時はストレスで円形脱毛症になる状態だったという。曰く「まだ若かったので、無駄に元気で」、週末は好きな音楽がかかるイベントに通うようになった。社内で話の合う人も少なく、ひとりで好きな場所に足を運ぶうち、集まる人々との新しい出会いが広がった。

九〇年代半ば当時は、名古屋でもクラブシーンが盛んでした。好きなアーティストのライブやDJイベントに出かけると、雑貨屋やカフェを自主的に運営している方など、おもしろい人がよく集

っていたんです。移動式本屋さんをはじめたばかりの松浦弥太郎さんが月一ぐらいで来ていて、イベントが開催されているカフェの前で、売っている本のなかから「この人の本、いいよ」と選んでくれたり、そこに海月書林の市川さんがいたり。名古屋でひとつのシーンみたいなものが、できつつあったんですよ。

そうしているうちに知り合ったイラストレーターの日置由香さんと一緒に、プリントゴッコでポストカードをつくるようになりました。最初から売るのは難しいから無料配布。「こんなユニット名で活動しています」と自己紹介して、自分たちの好きな雑貨屋さんに置いてくれるよう頼みに行くという……謎な行動をしていたんですよ。あるとき、東京の雑貨屋さんに営業に行ったら、販売してくれることになったんです。これはいけるんじゃないかと、週末は三〇〇枚くらい、ずーっと手刷りでポストカードづくり。お店の方々のアドバイスで他のお店にも営業をかけていくと、もう手刷りでは間に合わなくなって途中で印刷に変えました。ポストカード以外にも仕事の伝手《つて》を使ってグッズをつくりだしたら、ピンバッジが当たったんです。次の製作資金ができるくらいに売れた。

本は会社のボーナスで、その日置さんの作品集を一〇〇〇部限定でつくってみたのが最初です。流通にものせず、無謀にも手売りで一〇〇〇部。ピンバッジを卸していたお店に置いてもらいましたが、まったく売れなくて在庫の山になっちゃった。なんか悔しくなって、もう一冊つくろうと石坂しづかさんのデッサン集を出したら、また売れなくて。自分では一〇〇〇部じゃ足りないんじゃないの？　くらいに思っていたのに、あまりにも悔しくてちょっと真剣に出版をやってみようと思ったんです。サイトには後付けで、それらしく書いていますが、会社の仕事を続けながら「ミルブックス」として活動し、ボーナスで一〇〇〇部限定の本を、毎年一冊ずつ出そうと最初は思っていたわけですね。

もう、心のどこかで会社を辞めて、自分でなにか仕事ができないかといろいろ考えていた。出版だけでなく、もともと雑貨のレーベルもやりたいと思っていたから、今も本と連動してグッズをつくっているんです。コーヒー缶や手ぬぐいなどの雑貨は、本に興味をもってもらう面でもプラスになっています。

信頼する友だちの本をつくりたい

――二〇〇二年に活動を開始し、二〇〇四年に広告代理店を退社して本格的に出版活動をはじめるまでの二年間を藤原さんは、ミルブックスの「プレ時代」ととらえている。その頃、藤原さんの周りには、リトルプレス『なごやに暮らす』を出していた松尾ミユキさん、雑貨ブランドLouleを立ち上げていた甲斐みのりさんほか、同世代のクリエイターたちがいた。自主的にものづくりをする仲間たちとの交流が刺激となり、その後の本づくりにつながった。

私がつくったポストカードを送った先で、返事をくれたひとりが甲斐みのりさん。まだ文筆家になる前、京都の小さな出版レーベルでお手伝いをしていた頃です。ポートフォリオのつくり方や売り込み先などをアドバイスしてくれた。当時は、会社の資料室にあった『Olive』を読んでいましたが、「いま京都のクリエイターが熱い！」とか特集が組まれたりして注目を集めていました。甲斐さんに「今度おもしろいイベントがあるからおいでよ」と誘われ、出かけた京都で出会ったのが、鎌倉のcafé vivement dimancheの堀内隆志さん、美術作家でリトルプレス『ウィンドチャイムブックス』をつくっていた故・永井宏さん。さらに甲斐さんの紹介で、まだイラストレーターの卵だった山本祐布子さんや、恵文社一乗寺店の堀部篤史さんほか、いろいろな分野の方たちへと輪が広がりました。彼らとだんだん親しくなるうちに、一緒になにかをつくりたいと思いはじめたんです。

今も著者になる方は、友人関係から発展していくことが多いです。私はまず、相手のキャラクターがわかって、その人のこの面をこんな本にしたらいいのに、と思ったときにはじめて本づくりがはじまります。今はおかげさまで周りにそういう方が増えました。たくさん企画も頂戴しますが、

以前売り込みでつくってうまくいかなかった本もあり、すぐ本にすることはないと思います。

――ミルブックスの本づくりは、藤原さんの代理店時代の経験から、「長い打ち合わせはしない」「褒めて伸ばす」がモットーという。打ち合わせは短くても、相手と仲良くなるまでのコミュニケーションには長い時間をかける。人々に心地よさを届けるミルブックスの本の秘密は、制作現場の心地よさにあるようだ。

よく「ひとりでやってて大変じゃないですか?」と聞かれますが、うちは長い会議がないから時間は結構あるんです。広告代理店時代のトラウマのひとつは、打ち合わせがやたら長かったこと。プレゼン前になると、もう砂漠のなかで落としものを探すみたいな会議が翌朝まで何時間も続くんですよ。それが嫌で仕方がなかった。今は、「こういうのつくりたいんだけど、どう?」「いいよ」みたいな感じで、一時間くらいの単純な確認だけで終わります。その後、無駄な雑談が二時間くらい続くことはよくありますが。

あとは、いつもその人を褒めるようにして、なるべく「ノー」と言わないようにしています。これも代理店時代に多数決の論理で、真剣に考えたいい企画が採用されないことを何度も見てきたから。逆に多数決で決まっていたものが、トップダウンでいきなり崩されることもある。大勢でものをつくることの弊害を見てきました。ダメなものが上がってくるような方とは、最初から仕事をしないし、関わる人がみんな、コミュニケーションをとれているからお互いに任せてくれる。だから、「ノー」と言わない自信があるんです。デザイナーさんやカメラマンさんが、編集まで踏み込んだ提案をしてくれたときは、だいたいこちらも受け入れます。それぞれが「自分の本だ」という意識で取り組んでくれるのがすごくうれしいことですし、大切だと思うので。

極端な話をすると、読んでいる本とか好きな音楽とか、服装のセンスが同じ方となら、曖昧な説明でも理解し合える。世間が狭いと言われるかもしれないですが、うちはひとりでやっているぶん何十万部も売れなくていい。大手だと売れないという理由で潰されてしまうような、作家さんのいい部分や個性をうまく残しつつ、ビジネスとしてどう成功させるか。そこでやっていこうとすると、相当相手と仲良くならないと本ができないんです。

もちろん常に、一〇〇万部を妄想しながらつくってはいるんですよ。でも、かといって大手であ

『ひなたのねこ』の著者、シンガーソングライター山田稔明さん（中央）
『ねこもらったよ』の著者、木下綾乃さん（右）と。

りがちな「コレ売れてるから同じ線でいきましょう」というやり方は、絶対にしたくないんです。よく「ミルブックスで売れている本はどれですか？」と聞かれますが、どれも、そこそこ。逆に大ヒット作が生まれていたら、もう辞めていたかもしれない。常に「このよさ、みんなわかってよ」という不満があるから、またつくろうという気持ちになる。

増刷が決まると、いつもドキドキしますよ。この前、新刊が数日で増刷になったときも、うれしいけど、今店頭に出ている本が売れずに返品が来るかもしれない、でも増刷分の印刷代は先に払わないといけない、と毎回せめぎ合いです。小さな出版社はどこも同じだと思いますけれど。正直、金銭面で今はつらいと思いながら「増刷したぶんも絶対に売らねば」と、真剣に売る方法を考えます。

儲からないイベントにいくつもの価値がある

――立ち上げ当初から、とくに大事にしているのが刊行イベント。ネットで告知ができる時代、もう必要ないと思いつつも毎回フライヤーをつくって配っている。つくらないとイベントをやった気にならないという。プレ時代、地元の名古屋で初めて主催したイベントでのかけがえのない経験が、藤原さんを今もそうさせるようだ。

石坂しづかさんがジャケットを手がけた、ボサノヴァデュオnaomi & goroのCDブックレットのデザインを手伝ったときに、名古屋で発売記念のライブイベントをやったんですよ。フードや雑貨があって、映画の上映もやるような。代理店の力は使わずに、フライヤーをつくってお店に配って予約をとって……というアナログなやり方で、自分の人脈をフル動員して三〇〇人くらいお客さんを集めることができたんです。大きな出会いもありました。終わりがけに「主催者はどなた？」と突然お洒落な女性が現れて、「実は私、お店をやっていて、この方のCDを置きたいの」と。長年、奈良でカフェ雑貨店「くるみの木」を営む石村由起子さんでした。その後、「くるみの木」から広がった人脈は大きくて、あのイベントをやっていなかったら今の自分はなかったと思います。

――イベントそのものは、ほとんど儲からない。規模を大きくすれば収益が立つかもしれないが、それだと「いいコミュニケーションは生まれない」という。著者と一対一で話せる規模なら五〇人から一〇〇人まで。本でつながる場づくりには、新たな出会いのほかにも、さまざまな価値を感じている。

必ず刊行イベントをやるのはふたつ理由があって、まず自分が読者に、直接本を届けたいこと。もうひとつは著者から読者に、自分の言葉で思いを伝えてほしいからです。イベントで会える人は少数でも、また次の新しい出会いにつながることがある。イベントが直接、本の企画につながることもあります。例えば『はじめてのコーヒー』は、徳島でaalto coffeeというコーヒー豆屋さんを営む庄野雄治さんと、café vivement dimancheの堀内隆志さんとの通算五回にわたるトークショーから生まれました。

見に来てくださった方や、著者どうしがイベントを通じて勝手に仲良くなって、自分は置いてけぼりになっちゃってることもあるけれど、それもまたうれしい。つながったら絶対おもしろいのにと思う人たちを引き合わせたことがきっかけで、新しい本づくりにフィードバックしてくることもあります。イベントによって

コーヒーの本

「これまでに4冊出してます。『コーヒーの絵本』は、好きなものなんて100人いたら100人違うんだから、自分の好きなことを好きなように楽しめばいい、というメッセージの本。自分が好きなものを“好き”と言えること、自分が大切なものはなにかを知ってもらうこと。本の内容は違っていても、伝えたいテーマはどれも同じなんです」（藤原）

オリジナル製作のコーヒー缶

次の企画が生まれたり、人のつながりができたり、二次的ないいことがいくつもあるんですよ。

イベントはその人がもっているよさを見つけられる、一番の場でもあります。大勢の人が集まる場で忙しくなったとき、とっさにどう対応するかでその人がよくわかる。例えば、イベントのためのお菓子などを、ざっくりおまかせでつくってもらったりするんですが、その対応を見て「この人の活動を本にしたい」と思うことも多いです。無茶ぶりしてもこちらの想像を超えたアイデアを出してくれたり、自分なりに工夫して返してくれる方は、本づくりでもその能力を発揮してくれます。

今もやっているのは子どもの頃と同じこと

——雑貨づくりやCDブックレットのデザイン、イベントなど、本以外にも活動の幅が広い藤原さん。電子書籍への考えが気になるところである。

タイミングが合えば、電子書籍もやってみたいと考えています。よく提案をいただきますが、現状のミルブックスのタイトルだと電子書籍にするメリットを感じないので、まだ発表したことはありません。紙の書籍はこの先、もっと売れなくなると思う。好きだけど、それほど紙に執着はないので、電子化の大きな波が来たら、すぐに乗る心の準備はできています。

私は本を出すことが最終目的ではなくて、その人のよいところをアウトプットする手伝いがしたいだけ。だから、かたちはなんでもいいと思っているんですよ。紙の本で食えなくなったら、これまで言ってきたことを翻してイベントプランナーになるかもしれない。雑貨をつくるのも、音楽の手伝いをするのも、儲からないイベントをやるのも、すべて目的は同じ。「いろいろできるんですね」と言われるけれど器用貧乏の極みで、絵も描けないし、音楽もつくれないし、カフェをやって接客なんて絶対無理です。自分ではなにもできないけれど、こんないいものがあるよ、と誰かに伝えることだったらできる。きっと、子どもの頃にやっていた、カセットテープづくりと同じことをずっと今も続けているんです。

――「自分に本当に必要な情報量はそれほど多くない」と感じている。部屋にあった本も数年前に大量に処分した。もっと売れる本をつくらなければという焦りから、連発して新刊を出していた時期もある。本との向き合い方が変わった今は、時代を経て残るものの本質を見極めることに意識して努めている。

例えばモノで言えば、私の好きなL.L.Beanのビーンブーツは、一〇〇年以上前から同じかたちでつくられ続けていますが、なぜこんなに長く残っているのかということです。最初は深く考えずに「ミルブックス」と屋号をつけましたけれど、今は、ずっと長く残るものをつくりたいと心から思っています。ですから、著者の文章も流行や時代性の出るものは、極力なくすようにしてもらっています。

よく参考にするのが落語です。江戸時代、落語は歌舞伎の五分の一ぐらいの料金で、誰もがふらっと行ける大衆の娯楽だった。私は落語がやっていることを、全然違うジャンルでやってみたいと思っているんです。昨年、人間国宝になった柳家小三治さんが、古典落語はそのままやればおもしろいから今も残っているのであって、余計なことは足さずにそのままやればよい、といったことを話されていて目から鱗だったんですよ。本づくりも無駄な装飾は必要なくて、その人がもつ本質的によい部分そのままを、どう本に落とし込めるかが大事だと気づいて。そうなるとよいものを、より見極める力が必要になってくる。それが本当の編集力なんじゃないかと。

『hummingbird eating』
『hummingbird living』
石村由起子／著

表紙は布張り＋箔押し
「紙の本でも、こんな本は残る気がします。古本になってもずっと本棚における、モノとしての存在感がある本。音楽が配信メインになった今でも、アナログレコードが出ているみたいに」（藤原）

小三治さんの落語を年代順に聞いていくと、同じネタでもどんどん削ぎ落とされていくんです。最近の高座は必要最低限の内容なのに、昔よりもずっとおもしろい。マクラのおもしろさが有名な方で、同じ噺《はなし》でも季節や公演する場所で毎回導入が変わるんです。さりげなく噺の内容と関連させて本編へとつなげていく流れは、年々凄みを増している。さらに、同じ噺でもこちらの気持ち次第で、違う物語のように聴こえるんです。映画でも昔観たときはつまらなかったのに、あとで観るとすごくいいと感じることってありますよね。同じ本でも読んだときの年齢や気持ちによって、違って感じられるのが一番素晴らしいと思う。古典落語はその極みだと思います。

本のタイトルを決めるときや校正するときには、必ず音読するんです。詰まるところがあると、好きな曲の歌詞を読んで参考にします。言葉を口にして、耳で聞いて、心地いいかどうかを確かめる。いろいろな方の影響を受けていますね。例えば、松本隆さんは突拍子もない言葉を遣いながらも、古びない言葉を選んでいる。ひとつひとつの言葉にハッとさせられます。例えば松田聖子さんの『天国のキッス』という曲では、「キス」ではなく「キッス」であったり。ちょっとしたことで頭にひっかかる言葉になる。そこは天才的だと思います。あるインタビューで「僕の歌詞は時代を経て、本当に評価される」と言っていて、確信

『ねこをもらったよ』
木下綾乃／著

「子どもに向けた絵本です。文章をかなり削ぎ落としているので、小さい子にすべての意味はわからないかもしれない。いろいろな経験を経たあとにこの物語を想い出して、本当に伝えたかったことを理解してもらえたら」（藤原）

犯だとわかりました。落語を聴くようになってから、とくにそう強く感じます。松本隆さんのほかにも、同世代のソングライターの言葉には、いつもドキッとさせられますね。

本をつくっているときは、映画や舞台を観に行きたくなります。不安になるんですよ。自分のやっていることが本質的なことを突いているかどうか、なにか別のもので確認したくなる。逆に、編集が大詰めの時期はとくに、本を読まないようにしてます。直接その内容の影響を受けてしまうし、いい本を読むと、もうこんなに素晴らしい本があるのなら、自分がつくらなくてもいいや、と思ってしまうから。

今は一〇年後、二〇年後を見据えながら本をつくっています。できれば一〇〇年後も恥ずかしくない本をつくりたい。やっと最近、そういう本をつくれるんじゃないかと思えるようになってきた。本当は続けるために、今売れる本をつくらないといけないのに、そんなのんびりしたこと言ってる場合じゃないんですけどね。時代や国を越えても変わらないもの、人の気持ちの本質に通じるものは絶対にあるはず。万人受けしなくてもいいけれど、みんなが気づいていない、よいものをいかに伝えるか。でも万人受けしたい。いつもせめぎ合いですね。

●ミルブックス　https://www.millebooks.net/

密な本作りを目指して──藤原康二●ミルブックス

誰も予想だにしなかった感染症の流行で世界は一変したが、私の仕事は全くと言っていいほど変わることはなかった。もちろん日々の暮らしは大きく変わったが、本を作るという点において、何も変わらなかった。そのことに一番驚いたのは自身だったが、同時にこれまでの自分の仕事の仕方を振り返り、妙に納得した。コロナ以降、急速に求められた新しい働き方に、出版を始めた時から少しずつ近づいていき、いつしかそうなっていた。新しい働き方とは、自宅で仕事をすることに限らない。自分の速度で、自分の時間で、自分の普段の暮らしも大切にしながら、いかに効率よく仕事を進めるかということを考えて実行していった。それが偶然にも、リモートワークに代表される新しい働き方といわれるものであった。

出版の仕事についての取材を受ける際に「何を大切にして本を作っていますか」と訊かれることが多い。それに対して私は「作る過程で、会議はなるべくしたくないんです。事前の打ち合わせを一切しないでも本が完成するのが理想です」と話すことがある。こう言うと必ず不思議な顔をされるが、これは私が出版を生業にして十年経った頃に考えた、とても大切な事柄だった。

ひとりで出版をやっているとはいえ、たくさんの人たちと関わりながら仕事をしている。本を作る前から、皆が同じ方向を見て、同じ場所にゴールを見据えている人かどうかということがとても大切だと、いくつもの困難な仕事を経験して、実感するようになった。もちろん議論を戦わせることも大切であるが、いくら論議しても感覚的なところで理解をしあうことが難しい面があることを、十年かけて学んだ。

常々、売れることを目標にして本を作っているが、どうしても「売れる」ということの前に、まだ知られていない才能をたくさんの人に知ってもらいたいという気持ちが勝ってしまい、売れるためだけに本を作ることができない。これは今後も続いていくだろう、私のジレンマだ。年間どう頑張ってもひとりで作れる本は五、六冊が限界で、大きな冒険をすることは正直難しい。十七年間で約百冊を発表してきたが、未だこの矛盾を解決できていない。

売れる本を作るという目標を掲げつつ同時に、先に述べたような、本作りに関わる皆が同じ気持ちを持って、最後まで気持ちよく本を作ることも同じくらい大切にしたい。この発想は年々増していったように思う。それを実現するためには、全てを任せられる仲間を見つけることが何よりも重要だとある時に気がついた。議論を一切しなくても、同じゴールを見てくれる信頼できる仲間となら、目的地までの道中を楽しく快適に過ごすことができる。

以前は、労力と売り上げは比例するものだと思い込んでいたが、むしろ制作途中に滞ることがひとつもなく、苦労なく完成した本の方が、読者の皆さんから反応がよく、また売り上げの面においても結果を出すことができた。しばらく物理的な面では密を避ける生活が必要だと思うが、本作りにおいては、より人と人との（気持ちの上での）関わりを密にして、読んでくれた皆さんの心の奥深くに届く本を作っていきたいと思う。薄く広く伝わる本よりも、濃く密な本を作りたい。

やってみたらひとりでできた
そこから世界が広がった

タバブックス・宮川真紀

tababooks maki miyakawa

宮川真紀さんが編集・発行する『仕事文脈』は、「気になる働き方」や「なんとかなる生き方」など、仕事をユニークな切り口で取り上げるリトルマガジン。出版社勤務後、フリー編集者を経て、二〇一二年、タバブックスを立ち上げ。年二回発行の『仕事文脈』と並行して、さまざまなジャンルの書籍編集から営業までひとり何役もこなしている。プライベートでは大学生と高校生の子どもをもつシングルマザー。便利なものや新しいものを賢く取り入れながら、自身の働き方も少しずつ変化している。カッコいい渋谷のシェアオフィスと、自宅近くの昭和風情のアパートのふたつの仕事場を行き来する、絶妙なバランス感覚で「おもしろいことを、おもしろいままに」かたちにしている宮川さんを訪ねた。

「本当はこうしたかった」本のために

渋谷でシェアオフィスというと、儲かっているみたいに思われそうですけれど、ここは利用の仕方でいろいろな契約ができてそんなに高くもないんですよ。空いている席を自由に使えて、ロッカーもあるし、郵便物はすべてここに届くようにしています。打ち合わせや取材、書店を回る中継地点としてもすごく便利ですし、気分転換にもなります。シェアオフィスの人たちとは、そんなにバリバリ異業種交流といったムードはないですが、お茶の時間にキッチンでしゃべったり、懇親会がよく催されたりするので、情報交換のきっかけにはなりますね。書籍のデザインをここで知り合った方に頼んだこともあります。ウェブなどメディア関係をはじめ、新しい仕事を立ち上げようとする人たちも多くいて、取材につながったりすることもあります。ここには本の在庫が置けないので、自宅近所にもうひとつ仕事場を借りています。そっちは昭和な雰囲気のアパート。すごく安いところを知人が見つけてくれたんです。子どももいますし、犬も猫もいるので自宅で仕事をするのは、ちょっと難しいですね。

――前職は八〇年代カルチャーをリードしてきたパルコ出版。マーケティング情報誌『アクロス』編集部に七年半、書籍編集部に八年勤務し、その間にふたりの子どもを出産。二〇〇六年にフリーの編集者となった。

パルコ出版では恵まれていましたよ。私はどちらかというと、アートやカルチャー系の本をよく担当していました。その頃は今より本にお金もかけられましたし、出版社としての歴史も長いので、イメージ的にも著者に企画を受けてもらいやすいところはあったと思います。パルコでは当時から、上の人が育児休暇をちゃんととって、同じ部署に復帰することができる環境でしたから、長く続けられたんでしょうね。私は自分の担当分を誰かに預けることもなく、三、四ケ月休んで復帰しましたけれど、一年間しっかり休む人もいました。

フリーになったときは、下の子が小学生になった頃でした。パルコ出版は、大きなディベロッパー会社の、エンターテインメント事業部のなかにある一セクションでした。ほかの部署と比べると小さかったんですが、数値目標が厳しく設定され、給料も年とともにそれなりに高くなってきますし、プレッシャーもありました。今考えると甘いですけれど、ちょっと疲れちゃったというか。ずっと、これをやっていくのかな、と思っていた頃に、早期退職優遇制度の該当年齢になったので「コレはチャンスだ!」と思って。辞めた後は、なんとなく同じような仕事をやっていけるか、くらいの気持ちで、あまり深くは考えていませんでした。書籍編集はそんなに人手をかけなくても、著者と出版社のつなぎ役みたいな仕事ができるからと思っていて。

――フリー編集者として書籍の執筆や編集を手がけつつ、二〇一二年から個人事業主の出版社としても活動をはじめた。きっかけとなったのは、担当した書籍が刊行されて一年あまりで、事実上の絶版となってしまったことだった。

布ナプキンの製作、販売をしていたユーゴさんという方の本を、ある出版社から出すことになったんです。企画当初は、イメージ的にエコというか、暮らしを大事にする人に向けての本だったので、内容がきちんと伝わるように手堅くつくろうと、出版社の担当編集の方とも話していたんです。でも、途中から少し方向が違うものになってきました。当時、「巻くだけダイエット」が大ヒットして、健康関係の付録付きの本が流行りになっていたこともあり、真っ黄色の帯に「布ナプブームが来る！」みたいな打ち出し方で、付録に布ナプキンをつけて販売することになったんです。ドドーンと大々的にやるのは違和感があったんですが、それが営業の意向でした。しかも、付録の布ナプキンの製作にあたっては、著者側の負担が大きく、心配もありました。とはいえ、フリー編集者の立場上、「がんばって売りましょう」と言うしかなかったんです。案の定、そんなに爆発的に売れるわけはなく、一年そこそこで重版未定、断裁となってしまって。でも、せっかく著者がすごくがんばってつくった本で、私にも責任がありますし、付録などはやめにして「こうしたかった」という本を、もう一度つくろうということになったんです。

――新しい出版社を探すことにしたものの、業界全体が停滞しはじめた時期、書籍の企画そのものが通りにくくなっていた。新装版にするとはいえ、一度他社で刊行された本をすぐに出そうという出版社もそうそうは見つからない。そんなとき、ユーゴさんの友人夫妻の刊行記念パーティで、本の発行元である「編集室 屋上」が当時二〇代の女性によるひとり出版社であることを知る。大企業の出版部にいただけに、にわかにはひとりでの出版をイメージしにくかった宮川さんだが、調べていくと「小さければ、小さいなりになんとかなる」ことがだんだんわかってきた。

「編集室 屋上」は、林さやかさんという自分よりまだ全然若い人がやっている出版社と知って、驚きました。それなら私にもできるかな、と思いはじめたんです。会社で働いているときは、新刊

の書店営業に同行することはあっても、編集の仕事だけでしたから、取次との実際のやりとりや、本をどうやってどこに卸すのかといったしくみもよく知りませんでした。フリーランスの個人事業主に、出版ができるとは思っていなかったんですが、そういえば、知り合いがお父さんの自費出版の本を売るために「稀人舎《きじんしゃ》」というひとり出版社を立ち上げて、ISBNの取り方から流通の仕方までブログに書いていたと思い出し、「なるほど、そうか」と。夏葉社さんやミシマ社さんは、もうすでに立ち上がっていて話題にもなっていましたが、探していくとほかにも小さな新しい出版社が、いくつもあることがわかってきました。

――出版社の立ち上げというと、知り合いの小出版社を訪ね、手ほどきを受ける人も多い。宮川さんは出したい本が先に手元にあったため、流通に関する細かな作業のひとつひとつを、実際の現場ですべて「やりながら」覚えたという。

最初の『布ナプキン　こころ、からだ、軽くなる』を出すためにＩＳＢＮを取得して、取次のＪＲＣさんにお願いに行ったら、「次の計画はあるんですか？」と聞かれてハッとしました。「本は返品がいつまでも来るから、長くやらないとしょうがないんだよ。もっとしっかり考えてね」と言われ、「出し続けないといけないんだ……」と。本を出したあとに、あらためて気づかされました。例えばスリップにしても、それまでは、ただ「入れるものだ」と思っていたところがありました。なんのためにスリップがあるのか、どうやってつくればいいのか、また、書店さんに卸すための注文書も、ＪＲＣさんに「まねしてつくってみて」と見本を渡され、ひとつずつ教わりながらつくりました。

本をつくったからには、より多くの人に読んでもらいたいですし、とにかく最初の配本先をどう確保するかが問題です。全国への書店流通はもちろん取次さんにおまかせしていますが、販促面を強化しなければと思い、「版元ドットコム」という出版社の共同販促組織に入りました。版元ドットコムでは、中小の出版社が共同で、本を販売したり、情報交換したりできるんです。一番よいところは、全国の書店をかなり網羅したＦＡＸリストをもっていて、一括送信してくれる有料のサービスがあ

『布ナプキン　こころ、からだ、軽くなる』ユーゴ／著

るところですね。昨年から、そのFAXサービスを利用しています。地域を絞って送ったり、コミックはカルチャー系の書店、読み物は人文系が強い書店など、本の内容に合わせ、FAXを送る書店を選んで流してもらっています。その注文がこちらに届くようにすると、どんな書店が注文をくれるのか、だいたいの傾向がつかめます。注文が来たらJRCさんにお願いして、配本してもらうという流れです。

——タバブックスを、合同会社として登記したのは二〇一三年から。ISBNは、個人事業主でも取得できるが、出版業ではフリー編集者の仕事と違って、売上げの立て方など収支が複雑になるため、より家計と区別していく必要があった。また、著作を預かるうえでの社会的な責任の面でも、会社にするほうがよいと判断した。倉庫契約は経費を圧迫しているが、ひとり出版社になって一番に仕事が増える、本の発送業務が軽減されるメリットは大きい。年間の刊行計画は、年二回発行の『仕事文脈』のほか、単行本二、三冊を合わせて五冊くらいがちょうどいいペースだという。

事務所や倉庫を借りるのは、確かにお金がかかりますし、本当はそんなに余裕はないですが、なるべくお金をかけずに、できる範囲でやろうと考えていると、つくれるものもつくれなくなる。ある程度の枠組みをつくって多少のお金はかけ、そのくらいはカバーしていけるような目標でやっていかないと、著者の信頼も得られないと思いまして。

倉庫は版元ドットコムで知り合った方に紹介してもらいました。小さな出版社を多く扱っている倉庫で、委託通販登録をしているAmazonのe託販売サービスへの発送業務も、一手に引き受けてくれるので助かっています。うちは取次経由のものもありますが、直接取引している書店も結構ありますから、シェアオフィスにいて在庫が手元になくてもネットで手配をすれば、すぐに発送してもらえるのがとにかく助かります。便利な方法をフルに活用して、発送業務からはずいぶん解放されるようになりました。

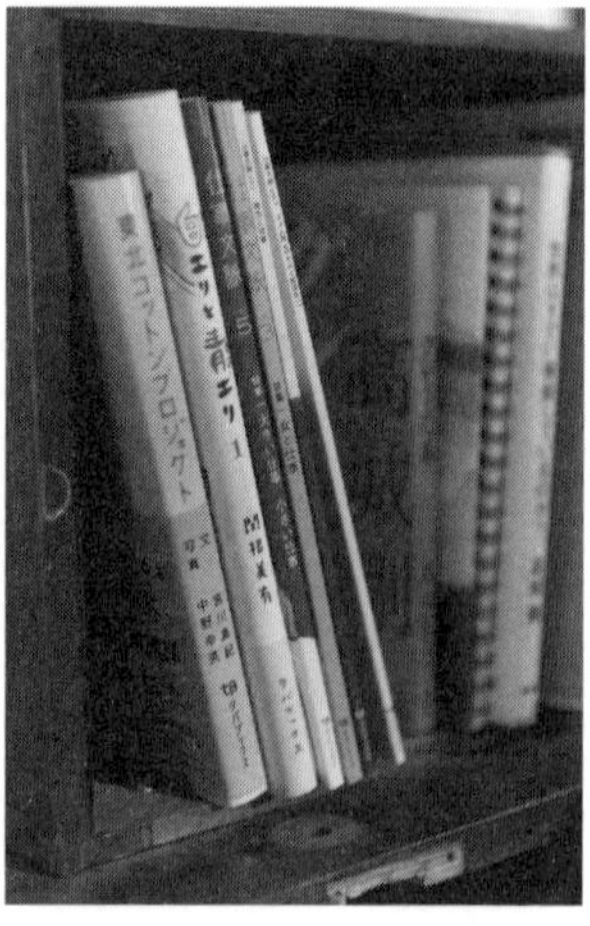

――一日の仕事の優先順位はまず、その配本手配。時期によっては、編集作業にあてる時間がよほど意識しないとつくれなかったり、反対に編集だけで手一杯で、販促までなかなか手が回らないこともあったりと、まちまちのようである。子どもはさほど、手がかからない年になったが、食事の時間はなるべく家で過ごすようにしている。

朝起きたらまず、Amazonのe託販売サービスからのメールをチェックして、犬の散歩や娘のおべんとうづくり、洗濯、そうじなどの家事と朝食が済んだあと、だいたい八時過ぎくらいには、仕事場へ向かいます。在庫がある自宅近くの事務所では、本の発送や経理業務など事務仕事がおもで、シェアオフィスでは、原稿整理やウェブの更新、著者との打ち合わせ、取材など編集制作に関わる仕事をやっています。移動の途中、書店に納品や営業に行ったりもします。シェアオフィスで仕事をするのは、週の半分くらいでしょうか。夕飯は比較的家でつくって食べるので、なにもなければ早く帰ります。夕食後も著者とメールのやりとりなどは、随時ありますね。今は新刊が出たばかりなので、書店営業や販促物の制作や献本、ウェブの更新、目録づくりなどに追われています。

フリー編集者時代は、編集プロダクション的に他社の仕事も請け負っていましたが、今は出版業が中心で積極的にはやっていません。とはいえ、出版業は売上げの見通しが立てにくいですし、決まった時期に、決まった報酬が入ってくる仕事は大事です。なるべく来たものは、引き受けるようにしています。

「doingな人」を追いかけるリトルマガジン『仕事文脈』

――フリー編集者として、不動産投資関連の書籍を担当した際、ファイナンシャルプランニング技能士三級の資格を取得し、物件も購入してしまったという宮川さん。会社経営に必要なお金の感覚も、そのときの本づくりや、必要性に応じて、身につけていったという。二〇一三年にウェブ連載を経て単行本となった『女と金 OL財布事情の近年史』(アストラ)の執筆の際には、母校の大学院科目履修生制度を利用して、フェミニズム論などを学んだ。若い女性とお金、労働について研究を深めたことがリトルマガジン『仕事文脈』の創刊にもつながった。

『女と金　OL財布事情の近年史』は、女性が働くのがふつうになった、八〇年代から現在までの女性誌に掲載された、お金の使い道に関する記事を読み解いて、どのように女性の金銭感覚や生活が変わっていったのかを分析した本です。よく「女性が流行をつくる」とか「女性が消費をリードしている」なんて言われますが、ある時期から女性がどんどん貧乏になってきて「超節約」みたいな記事が増えていった。いつから、こんなことになったんだろうと興味をもったことがはじまりです。この本をきっかけに「仕事」や「働き方」に関する書籍やニュース、情報をチェックするようになり、自分がピンとくるもの、読みたいものがあまりないな、と思ったのが、『仕事文脈』をつくろうと思ったきっかけです。最近では、『ku:nel』や『KINFOLK』などいわゆる「ステキな暮らし」の雑誌がすごく増えましたし、リトルマガジンでも『Arne』以降たくさん出ましたよね。でも私はどちらかというと、そんな「ステキな暮らし」をしている人たちが、そのためのお金をどうやって稼いでいるのか、そっちのほうが知りたい（笑）。

その一方で、就職氷河期が続いて若い女の子たちは仕事がないとか、すごく貧乏で大変なことに

『女と金　OL財布事情の近年史』
宮川真紀／著　アストラ

なっている。これでいいのかと問題意識を抱いていた時期に、それまでと違った、ちょっと弾けた生き方や働き方をしようとしている女の子たちに出会って、もっといろいろな仕事との関わり方があってもいいのかもしれないと感じたんです。働くうえではとても厳しい時代のなかで、若い人たちが個人的な経験からきっかけをつかんで、次への道を自分の力で紡ぎ出していることは、とてもおもしろいと思います。その生き方に敬意をはらう意味でも、媒体として世の中にうまく、正しく伝えていきたいです。

――『仕事文脈』に登場するのは、田舎で父親が無職になったことをきっかけに、地方と仕事の未来を考えはじめた若者、就職先を自ら募集するサイトで話題となった「ヤバイ就活生」、オーガニックな食生活の追求の末に狩猟を生業とするようになった女性、非正規雇用をポジティブにとらえてうまいことやっている人たち、移動しながら看護師をするノマドナースなど、知られざるオリジナルな生き方、働き方を実践する人ばかりである。

リトルマガジン『仕事文脈』vol.1～6

仕事や新しい働き方の本も、今ブームではあるんですよね。著名な方が「これからどうなる」とか、「今こうだから、こういうのがいいんじゃないか」と提言をしたり、時代をリードしていくような本は、もうたくさんある。それよりは、もうすでに「こうしている」人、実際にもう「やっちゃっている」人たちの話を詳しく取材していくほうがおもしろい。「なるほど」という新しい発見があるように思います。

もともと身近に、そういう個性的な人がたくさんいたわけではないんですよ。『仕事文脈』は創刊時、書籍コードをとらずにミニコミとしてはじめたこともあって、文学フリマに参加して売ったり、古書やリトルプレスを扱うセレクト書店に直接、納品に出かけたりするなかで、ミニコミ周辺のカルチャーに接する機会が増えたんです。そこで目や耳にした、お店に来る人たちの興味や地域の情報が次の企画の参考になっています。

——雑誌や書籍をつくっていて、新しいことや新しい人、新しい視点など、今までにないものを紹介することで、「埋もれていたものがヒットしたときは、とてもうれしい」と話す宮川さん。若手著者の発掘にも積極的だ。

コミック『白エリと青エリ』の関根美有さんは、『仕事文脈』を置い

『白エリと青エリ 1』
関根美有／著

ていただいている中野のタコシェという本屋さんで、自費出版の冊子を見つけ、ウェブ連載をお願いしたのが最初です。テーマを仕事に限定して依頼したわけではなかったのですが、彼女も漫画を描きながらいろいろなアルバイトを経験するなかで、感じることや疑問があったようで、結果的にリアリティのある、いい原稿を描いてもらえました。今はまだ知る人ぞ知る作家さんで、『白エリと青エリ』が商業流通本としては初めての本です。これがメジャーになるきっかけになればと思っています。

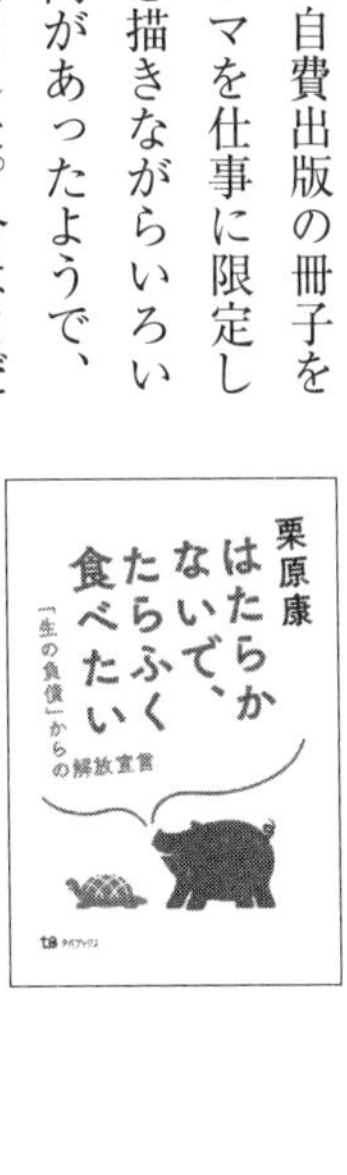

『はたらかないで、たらふく食べたい 「生の負債」からの解放宣言』栗原康／著

『はたらかないで、たらふく食べたい』の栗原康さんは、政治学の分野で専門書を何冊か出されていて、人文書の世界では、すでに注目を集めている若手論客です。研究論文は個人的な経験を交えて書くのはNGらしいのですが、栗原さんは、自分の恋愛体験などまで全部ひっくるめて書かれるんですよ。考え方も新鮮でおもしろいので、うちから出す本では、もっと幅広い層に読んでもらえるよう相談しながらつくりました。雑誌でも書籍でも、これは世の中にとって「必要じゃないのか?」「みんなが欲しいものではないだろうか?」と感じることを、うまいかたちで提示できればと考えています。

電子書籍は便利に利用したい

——宮川さんは、電子書籍への考え方も柔軟だ。好奇心が旺盛で、現在ネットにアップされている『仕事文脈』一号目のKindle版は、InDesignのレイアウトデータをもとに、実際に宮川さんが手を動かしてつくってみたものである。

『仕事文脈』一号目はＫＤＰ（Kindle direct publishing）という、いわゆる電子書籍の自費出版です。ＰＤＦの貼り付けレベルのＦＩＸ型ですから、大したものではないのですが、出はじめの頃に話題になっていたこともあり、ちょっと勉強がてらやってみたものです。二号目以降はもう少し質を上げたいので、まだ手つかずです。雑誌はいつまでも書店に置いてもらえないので、配本期間が終わったあとに、電子書籍化していくことを考えています。

　書籍『東北コットンプロジェクト』では、紙版の三ケ月後に電子書籍版を発行しました。先日、高校の同窓会があって仙台にいる同級生にこの本のことを話したところ、翌日に「読んだよ」とメールが来て、仙台のどこの書店だろうとびっくりしていたら「電子書籍で買った」と言われ、おかげでいい出会い方ができたと思いました。今は電子書籍の書店が二〇〇店舗くらいあるようで、『東北コットンプロジェクト』は電子書籍の取次会社ＭＢＪ（Mobile Book.jp）を通して、楽天koboやAmazonなどの電子書籍ストア二〇店舗ほどで販売してもらっています。これから出す紙版の書籍に関しては、電子書籍も併せてつくろうと思っています。

　私は自分でもふだんから電子書籍を結構買うので、それほど抵抗がないんです。電子書籍に出会ったのが「電書フリマ」だったのも大きいですね。「電書フリマ」はゲーム作家の米光《よねみつ》一成《かずなり》さんが主催する、参加者が自作の電子書籍を売るイベントです。そこに自分で運営していたレビューサイトの原稿をまとめてつくった、電子書籍を出したんです。そこで、セルフパブリッシングとしての電子書籍の手軽さ、おもしろさを感じました。まだきちんと出版社になっていない頃だったので、こういうやり方もありだな、と。「出版ビジネスの可能性」よりは、「コンテンツの届け方の新しい試み」という部分に興味をもちました。

　もちろん紙の本では装丁など、しっかりやりたいと思いますが、紙の本をそもそも買わない人がこれだけ増えていて本は紙じゃなきゃいけないとまでは思わないです。紙の本はいつかは品切れになり、重版できず、絶版になる時期が来るかもしれない。でもデータで残しておけば、そこから読む人がいるかもしれないし、また紙へ戻せる可能性も出てきますよね。コンテンツを恒久的に残していくという意味では、電子書籍も便利に利用したほうがいいんじゃないかと思っています。

　売れ方としては別の出版社で私が編集した新書が電子書籍になって、三ケ月ほどあとに印税が数千円入ってきたりしたことがありましたが、今はまあそれくらい。『仕事文脈』Kindle版も、忘れた頃に小銭が振り込まれているといった状況です。電子書籍は全然売れないと言われてはいますが、例えば楽天koboではポイントを使って、ビジネス書や料理本を購入する人が比較的多いと聞きます。いろいろな人が読んでくれるきっかけとして、電子書籍はやっていく意味があると思います。

東北コットン
TOHOKU COTTON PROJECT
「綿は塩害に強い。」
そのひとことをきっかけに、津波被害を受けた宮城県沿岸部の農地に、綿の種をまいた。

『東北コットンプロジェクト　綿と東北とわたしたちと』
宮川真紀／文
中野幸英／写真

自分で自分の仕事を決めすぎない

――編集者としてもベテラン、好奇心のままに次への可能性を広げ、本づくりも働き方も自分らしくシフトチェンジしていく宮川さん。ひとり出版社としての今の悩みは、ひとりでいくつもの仕事を同時進行しているため、営業やプロモーションなどが手薄になりがちなこと、原稿を精読したり校正する時間の確保が難しいこと、と話した。だが、その問題も、すでに持ち前のネットワークの広さで人材を見つけ、解消しつつあるようだ。

Facebookで偶然再会した知り合いが、今は働きたいけれど子どもが小さくて、フルには動けないということで、月に何日かスタッフとして手伝ってもらうことにしました。写真をやっ

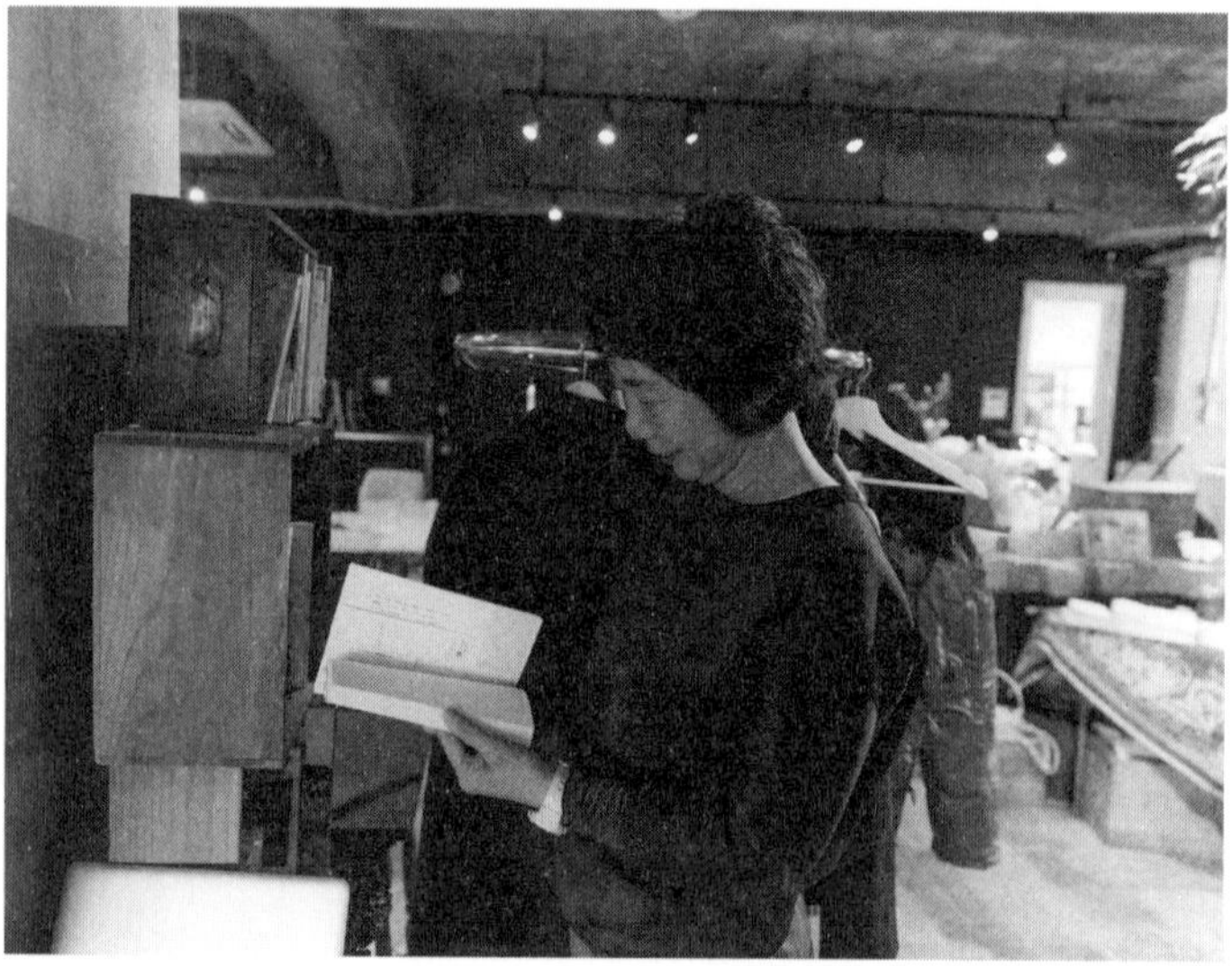

ていたこともあり、撮影もお願いできますし、八〇年代生まれでネット環境にも強いのでいろいろな仕事を頼めて助かっています。私もひとりで何役もやりはじめて世界が広がり、それが次の本づくりにもつながっていくところがある。そもそも「編集者」という専業の立場は、もうあまり必要ないようにも感じます。

二〇代の終わりくらいのときには、私自身も仕事や結婚をどうしようとか、転職したいとか、それなりに考えたことはありました。今思うと、どれを選んでいても、そんなに変わらなかった気がします。でも、そのくらいの年代には真剣に悩みますよね。これをとったら、こっちは諦めるか、みたいに思いがちですけれど、どっちを選んでも人生はそのあとも長いし、いくらでも別のことができる。私が『仕事文脈』をはじめたのもInDesignを独学で勉強したのも四〇代終わり。今からそんなこと、よくやるよね、と思われるかもしれないですが、毎年、新しいことばっかりやっています（笑）。チャレンジというほどのこともなくて、探していると便利なものがいろいろ見つかってくるんですよ。そういうのを使っていくうちに、いろいろなことが自然にできるようになってきます。はっ、またひとりでできてしまった……!?　みたいにね。

●タバブックス　https://tababooks.com/

恥ずかしい、でも変わらない――宮川真紀●タババブックス

取材してもらったのが二〇一五年初頭、創業二年くらいの時期なので、載っていることすべてが懐かしくも恥ずかしい。ここから六年のタババブックスのあゆみを紹介します。

その後数年はリトルプレス『仕事文脈』を年二冊、単行本を二冊程度というペースで刊行。栗原康『はたらかないで、たらふく食べたい』がやや話題になり「少し違う生き方」的なものを出しているところと認知されていった気がします。そして二〇一六年刊行の植本一子『かなわない』が大きな転機に。家族、育児、恋愛の葛藤を率直に記した写真家の自費出版ZINEに衝撃を受けて即連絡をとり書籍化させてもらった本書は注目を集め、お取引書店も一気に増えました。販促、営業、経理に本腰を入れ、取次に部率や精算時期の交渉をしたり、直接取引先に委託から買切りに移行してもらったり、余剰在庫を出さないよう部数検討、決算期を考えて刊行・増刷したり。本を売って制作費や印税を払う、出版社としての体力が必要だと実感したのがこの時期です。電子書籍にも本格的に取り組み、文字ものはほぼ電子化、現在売上げの一割程度を占めるようになりました。

そんな自分なりの経営モードになった頃から、売上目標を立て刊行点数も倍増、営業・編集の外注なども頼むように。下北沢に事務所も借りました。継続できるシリーズものを出そうと、二〇一七年は「シリーズ3／4」という軽い読みものシリーズで山下陽光『バイトやめる学校』、丹野未雪『あたらしい無職』を同時刊行。二〇一八年はひとり雑誌、辻本力編『生活考察』の版元を引き

受け、二〇一九年からは漫画と文芸の自費出版誌『ランバーロール』の発行もスタート。気付けばリトルプレスだけで年三、四冊出すことになっていました。これらはあたらしい視点を見つける場であり、出版社を始めた頃の新鮮な気持ちを取り戻すための大事な手段でもあります。

この頃のトピックといえば、フェミニズム、そして韓国、でしょうか。二〇一七年秋、韓国出版視察ツアーに参加したとき、いくつかの書店で見かけた本を「韓国では今、若い女性にフェミニズムムーブメントが起きている」という説明とともに教えてもらったのが、イ・ミンギョン『私たちにはことばが必要だ』です。何かあたらしさを感じて帰国後すぐ版権獲得、翻訳に取り掛かりました。男女格差や性暴力を取材している小川たまか『「ほとんどない」ことにされている側から見た社会の話を。』とともに、二〇一八年の代表作となりました。ジェンダー関連への関心の高まりを間近に見て、自分の姿勢も使命もあらためて考えるきっかけにもなりました。

この路線でどんどん企画をと思ったところでの、コロナです。最初の緊急事態宣言では刊行もことごとく後ろ倒しになり経営大ピンチ、あらゆる給付金、補助金、支援金、融資を受けていったん落ち着いて、今後の出版計画を見直しました。二〇二〇年六月に出したヤマザキOKコンピュータ『くそつまらない未来を変えられるかもしれない投資の話』が好調で、あたらしい生き方、今までにない考え方がどんな時期であっても期待されている、と実感。おもしろいものをおもしろいままに、気持ちよくお届けできる本だけをやっぱり作っていこうと……あれ、恥ずかしがったわりに全然変わってなかったですね！

インタビュー

土井章史（トムズボックス）

安普請でかっこいい本をつくりたい

メリーさんの絵本シリーズの一部。長新太、和田誠、荒井良二など、錚々たるラインナップ

絵本好きの間では聖地と呼ばれる吉祥寺のトムズボックス。絵本専門店＋ギャラリー店主の土井さんは、フリーの絵本編集者として、大手出版社の仕事を手がける一方、自らが発行元となって「トムズボックスの本」を二〇年以上制作している。どれも数百部と小規模だが根強いファンをもつ。地道な活動を続ける土井さんを訪ねた。

取材・文／田中絢子

メリーさんの絵本シリーズ

——土井さんは「トムズボックスの本」以前から、自主的な本づくりをされていますよね。

メリーウェルズという編集プロダクションにいたとき、ひとりでつくっていたんです。社長に少部数のオリジナル本「メリーさんの絵本」シリーズの企画を出したのが一九八六年。長新太、井上洋介、スズキコージ……好きな作家の絵本をつくっていて、それがトムズボックスの本の前身。

——編プロ発行の本をどうやって流通させていたんですか？

『イラストレーション』や『ＭＯＥ』などの雑誌に情報を載せてもらって、電話で注文が来たらコツコツ送るというアナログな通販だったね。次は誰の本が出るかもわからなかったけど、定期購読者は一〇〇人以上いた時期もあったかな。でも一三冊出したところで、あまり売れないことが社長にわかっちゃって（笑）。それでこのシリーズをもって、辞めてフリーになった。それが八八年。

——独立当初から、トムズボックスという屋号だったんですか？

そう。辞めることを吉田カツさんに話したら、ポパイとオリーブじゃないけど、「メリーさんだから、トムさんでいいじゃない？」って「トムズブックス」という案を出してくれた。でも、ちょっとストレートすぎたからボックスにしたんです。そして井上洋介さんが「思いついたから描いてあげるよ」とつくってくれたのが、ロゴマーク。ありがたいですね。

――独立して、メリーさんの絵本だけで生活を？

　とてもじゃないけど食えないですよ。フリーで編集やライターをやっていました。メリーさんの絵本をつくっていたことで、井上洋介さんが僕をおもしろいやつだと思ってくれてね。当時は週に一回、浅草でご飯食べさせてもらってたんです。そこには児童書出版社の編集者も打ち合わせを兼ねて来ていて、彼らとも付き合いができました。

　あるとき、井上さんが「ひとりで歩いてみたら？」と、僕にラフを預けてくれた。持ち込みしてまわったらほるぷ出版がおもしろがってくれて。結局、最初の絵本は井上さんのじゃなくて、木葉井《きばい》悦子さんの企画が通った。彼女の『アバディのパン』を出したのが九〇年。それをきっかけに、「イメージの森」シリーズを担当しました。ほかにもパルコ出版やリブロポートで、アート性の強い絵本シリーズをつくったりもしたけど、なかなか売れなくて。

――その難しい分野を、トムズボックスの本でやりたかったんですか？

　そういう部分もありますね。好きなように作家につくってもらう。その本づくりが楽しいから、みなさん関わってくれたと思う。

私家版漫画から絵本へ

――そもそも土井さんが編集者になろうと思われたのはどうしてですか？

　編集者になるとモテるかもしれないと思って（笑）。ジャンルはなんでもよかったんです。広島から出てきて大学に通いながら、三年生のときにジャーナリスト学院という専門学校の夜間部に通いはじめました。専門学校の先生に紹介してもらった毎日新聞社系の編プロに四年生からアルバイトで入って、卒業と同時にそこに就職しました。

――絵本との出会いはいつ頃ですか？

　その編プロで、「別冊一億人昭和史」シリーズの『漫画大図鑑』を編集していたとき、担当したのが「異色の漫画家」というコーナー。そこで長新太や井上洋介、久里《くり》洋二ら、おもに一枚漫画の作家の作品を載せたんです。この本のデザイナーが漫画も描いていた牧とらをという人で、コーナーの資料として仲間の漫画家の私家本を、たくさん持ってきてくれた。それが二五歳くらいの僕には「こんな本が世の中に！」っていうほど衝撃で。そこから私家版の漫画集を集めはじめました。同時に作家を追いかけていたら、彼らは絵本も描いていると知り、見はじめたらおもしろくて。そこからどっぷり絵本の世界に。

――当時、私家版の漫画集のどんなところに魅力を？

例えば富永一朗さんとかは、私家版でも函入りの豪華本をつくっていたけれど、井上洋介さんなんかは、中綴じで一色刷りの簡単な本だった。僕はそのシンプルな本のマニアックな感じ、

井上洋介『**百態草子**』、1987
メリーウェルズ時代に発行したもの

中身がカッコよけりゃいい、というところが愛おしく感じた。今もその気持ちが続いていて、トムズボックスでは安普請でカッコいい本をつくりたいと思っているんです。

――つくる側になったとき、安くつくれるのも大きいですよね。

まずはそこだよね。売るにもつくるにも安い。なおかつ、数百部の世界でできる。それは続けられる可能性も高くなるということ。トムズボックスでつくっているのは、だいたい三〇〇～五〇〇部、八〇〇円～一二〇〇円、四八ページくらいの本。利益率はあんまり考えないでつくっちゃう。

あと僕は古書も好きだから、世代を超えた本の回転をイメージするのも楽しいんです。好きな作家の本をつくっておけば、どこかの誰かの本棚に、いくつかは残ってくれるだろうという気持ちもあります。

縁とタイミング

――店舗の開店は九三年ですよね？

店ができるまでは、作家の展覧会場くらいしか本を売る場所がなくて、厳しい時期もあったけど、つくりたい気持ちは絶えなかった。店をはじめたきっかけは、南椌椌《みなみくうくう》さんが一緒にやらないかともちかけてくれたこと。そこで僕が本屋、南さんがギャラリーを受けもって九三年に開店した。二～三年一緒にやって、その後は僕が引き継いできました。売る場所ができたのは、本づくりを続けられた大きな要因だと思います。

二〇〇三年頃に隣の店が空いて広さが倍になって、一三年にそのまた隣が空いたので、貸しギャラリーの「＋GALLERY」をはじめた。僕は自分からあんまりアクションはしないのだけど、誘ってくれる人がいたことや、その時々の選択は、思い返すと縁やタイミングも含めて重要ポイントだったよ

うな気がします。でも常々、力《りき》まずに「あんまり金使わずにやるぞー」くらいしか考えてないんだけど（笑）。

――お店では一般に市販されている絵本と「トムズボックスの本」の両方を扱っていますね。

　トムズボックスの本は地味だから、売上げは一般の絵本のほうが多いです。一般の絵本は出版社から直接仕入れる場合もあるけど、今はほとんど子どもの本の専門卸会社「子どもの文化普及協会」から仕入れています。どちらもすべて買い切りで返品はできないけど、大手取次を通すよりもいい。物販において本の利益率は、ほかの業種にはないほど厳しい気がします。店舗は家賃と人件費がかかるから、フリー編集者としての利益も全部ひっくるめて、経営を維持しています。

――土井さんは絵本作家養成のワークショップ「あとさき塾」も手がけていますよね。絵本を軸に編集者、書店＋ギャラリー店主、ワークショップ主宰者という三つの顔で二〇年以上活動を続けてこられた秘訣はなんですか？

　おもしろいと思ったら、やっておこうという気持ち。あとは忘れること！　今日しなくちゃいけないことは、今日が来てから思い出す（笑）。今日をすり抜けられたら、明日もなにかある。そう思ってきた二〇年だったような気がします。本当はそれじゃあまりよくないのかもしれないけれど。

――今後はどのように？

　新人の絵本作家をデビューさせて、一緒に仕事ができればいいなと思っています。店はどうするかなあ。将来的には、古本屋をやりたいというイメージはあるけど、まだわからない。*古本屋になっても仕事がある限り、フリーの編集者でいるとは思うけど。でも、なるようにしかならないからね。

*二〇一五年末に閉店。二〇一九年六月に西荻北で古書店として新規オープン。

●土井章史（どい・あきふみ）
一九五七年広島市生まれ。絵本編集者。これまでに四〇〇冊以上の絵本の企画・編集を手がける。著書に『改定増補版 絵本をつくりたい人へ』（玄光社）がある。

●トムズボックス
東京都杉並区西荻北3-11-16
TEL：03-5303-9737

寄稿

column 3

本屋の独立と解放、そして出版

和氣正幸

これを読んでいるあなたはきっと本が好きだろう。そこでもし何かしら本にまつわる活動を始めたいというのなら、僕にはそれはとても羨ましく思える。いま、本の世界を取り巻く状況はきっとこれまでにないくらい自由で、可能性に満ちていると思うからだ。

僕が本屋を紹介する活動を始めた二〇一〇年頃は本屋といえば毎日同じ時間に店を開けて本のみを売る商売のことで「本屋かくあるべし」といったイメージが強かった。そういう本屋になりたくて地道な調査とその記録をブログに投稿していく中で新刊書店を開くためには多額の保証金が必要な上に利益率も低いことを知り絶望した。それでも将来なれそうな個人や小規模で営んでいる本屋(今で言う独立書店)の調査活動を続けるうちに気が付けば本屋ライターになっていた。

一番初めに本屋がその固定観念から解放されたと感じたのは二〇一三年の双子のライオン堂オープンだった。(当時は)営業日が週二日しかなく売っている本も多くない。選書専門店という名前の通り学者や作家による選書棚が店の中心で売れた本はそのまま補充される。文芸誌『しししし』などISBNコードをつけた全国流通の書籍の出版もしている。店主の竹田信弥氏いわく「大勢に向けての本ではなく、遠くにいるかもしれない同類のための本をつくろう」と始めたそうだ。同店の活動はそれまでの本屋とはまったく違ったタイプのものだった。ブックディレクターの内沼晋太郎氏が『本の逆襲』(朝日出版社)で、〝広義の本に関わる仕事、それをあらためて「本屋」と呼ぶとしたら〟と書いたのも同じ時期である。彼ら彼女らは小さいからこそ生き残るために商品も営業形態もそれまでの本屋的なものに縛られずに方策を練る。出版もそのうちの一つというわけだ。

例えば全国にファンがいる誠光社はトークイベント

の内容を元にした書籍を出版しているし絵本と北欧がテーマの本屋ひるねこＢＯＯＫＳは発掘した新人絵本作家の出版に力を入れている。他にも出版と取次をしながら実店舗も開業したH.A.Bookstore（二〇二〇年九月に実店舗は閉店）やはらぺこめがねの絵本『フルーツポンチ』など縁のある作家の絵本を出版するニジノ絵本屋など数え上げればきりがない。弐拾ｄＢやえほんやるすばんばんするかいしゃなど拘った装幀で造本装幀コンクールで受賞するような本を出版する。

こうしたインデペンデントな出版物が増えてきた背景のひとつには印刷技術の発展がある。それまでの同人誌やミニコミとは一線を画す個人出版物ＺＩＮＥが定着したのが二〇〇〇年代に入ってからのこと。海外のアートＺＩＮＥを日本に紹介した本屋ユトレヒトの開業が二〇〇二年、独特の風合いを持つリソグラフ印刷でクリエイターの制作を支援したレトロ印刷ＪＡＭは二〇〇八年に始まり、アートブックの祭典「TOKYO ART BOOK FAIR」の一回目は二〇〇九年だ。この頃にインデペンデントな出版の下地は整い、小規模な本屋も出版をしやすくなったのである。

「これからの本屋は江戸時代みたいになるかもね」

数年前の酒席での何気ない会話だ。江戸時代の本屋は新刊も古本も一緒に扱い出版や問屋業も行っていたという。本屋は本に関することなら何でも扱う店だった。例えば、時代は下るが丸善（現・丸善雄松堂株式会社）は創業から二年目の一八七〇年に出版物の刊行を始めているし、紀伊國屋書店も東京堂書店も戦前から出版業を始めて現在まで続いている。一方、出版業界の大勢は明治期から現代にかけて分業化が進み、大量印刷・大量販売の時代を背景として各社は得意分野に特化、時代に適応した。そうして生まれたのが、出版社は本を作り、取次が流通と金融を担い、書店が本を売る、私たちのよく知る出版業界である。

だが一九九六年の出版市場のピークを境に本屋でも出版社でも今までのやり方ではいけないとあたらしい方法論を模索する人々が増えてきた。そのひとつの帰結として原点に立ち戻る人々が出てきたとしても不思議ではない。例えば青山ブックセンターが二〇二〇年に出版した『発酵する日本』は予約も受け付けるが販売は自店だけという異色の試みで出版している。逆に

出版社が本屋を開く例としてはひとり出版社のよはく舎が運営するマルジナリア書店が記憶に新しい。こうしてみると現在は出版と販売の境目が曖昧になり、広義の「本屋」がそれぞれの性質や置かれた環境に合わせて活動のポートフォリオを自在に組み合わせられる状況だと言える。そんな中だからこそ自分やその活動に価値を感じてもらうためにはどうしたら良いか。本屋は向き合わねばならない。

　例として下北沢にある僕の店BOOKSHOP TRAVELLERの話をしよう。唐突かもしれないが本屋ライターとして活動しているうちにいつの間にか僕は本屋になっていたのだった。店を始めることになったときには僕が店を開く意味を一から問い直し、自分の活動をそのまま実店舗に落とし込もうと考えた。その答えが「本屋を紹介する本屋」というコンセプトだ。ボックス型の本棚ひと箱ずつを様々な本屋活動をする人に月額制で貸す、棚貸しスタイルの店である。三年前の開店当初は八店だったのがいまでは約九〇店の本屋が棚を借りてくれている。

　そうして店に立っていると本屋がやれることはまだまだあるという思いが強くなった。棚を借りてくれている皆の力を借りてＺＩＮＥの出版もしたいし、出版社一社だけフェアなんてこともやってみたい。下北沢ならではのカレーや古着の販売もおもしろそうだ。

　すべての本屋がそうだとは思わない。だが、楽しみながら生き残るために試行錯誤している本屋もまた多いことは確かだ。そしてまだ試されていない方法もきっと無数にあるだろう。だから僕は本屋の世界はこれからおもしろくなる、と実感を持ってそう思うのだ。

●和氣正幸（わき・まさゆき）
一九八五年東京都出身。本屋を応援する活動BOOKSHOP LOVER主宰の本屋ライターで棚貸し本屋BOOKSHOP TRAVELLERの管理人。二〇二〇年一〇月放送のNHK Eテレ『趣味どきっ！こんな一冊に出会いたい 本の道しるべ』にも出演した。著書に『日本の小さな本屋さん』（エクスナレッジ）など。

本屋と出版　独立と解放のあゆみ

作成／和氣正幸

年	月	出来事
1870		丸善が出版物の刊行を開始
1887-97		出版社・取次・本屋の近代出版流通システムが始まる
1891		東京堂が出版業を開始
1933		紀伊國屋書店が出版部を設立
1945	8	第二次世界大戦の終戦
1993		吉祥寺に絵本専門店トムズボックス開店。 (「メリーさんの絵本」シリーズは 86 年よりスタート)
1995		オンデマンド印刷が日本で開始
1996		出版市場がピークを迎える（市場規模：2 兆 6563 億円）
1996	11	雑誌ではじめて「個性派書店」の特集が組まれる (『Hanako』マガジンハウス 96 年11月 7 日発売号)
2002	11	ユトレヒトがオープン。海外のアート ZINE を紹介
2008		レトロ印刷 JAM サービススタート。アーティストの ZINE 制作の助けとなる
2008	1	SHIBUYA PUBLISHING & BOOKSELLERS オープン。出版も行う本屋として話題に
2009	2	アノニマ・スタジオ主催の本祭り「BOOK MARKET」の 1 回目が開催
2009	7	個人出版物の祭典「TOKYO ART BOOK FAIR」第 1 回目が開催
2011	3	東日本大震災が起こる
2012	7	ブックディレクター内沼晋太郎氏による本屋 B&B がオープン
2013		えほんやるすばんばんするかいしゃが初の出版物『つながる』を刊行
2013	12	『本の逆襲』内沼晋太郎著（朝日出版社）出版
2014	2	H.A.Bookstore がはじめての出版物『HAB 新潟』を刊行
2015	5	『いち にの さん』きくちちき作（えほんやるすばんばんするかいしゃ）が第 49 回造本装幀コンクール審査員奨励賞受賞
2016		堀部篤史氏の本屋・誠光社が1冊目の出版物『本とその周辺をめぐる、6 か月とちょっとの旅』を刊行
2016	11	双子のライオン堂が初の出版物『草獅子』を刊行
2017	1	『本屋、はじめました　新刊書店 Title 開業の記録』辻山良雄著（苦楽堂）出版
2018	5	『これからの本屋読本』内沼晋太郎著（NHK 出版）出版
2018	11	タバブックス主催のブックイベント「Books & something」の 1 回目が開催
2019	5	『Close Your Ears / 耳をとじて』杉本さなえ作（えほんやるすばんばんするかいしゃ）が第 53 回造本装幀コンクール 東京都知事賞を受賞
2019	5	『水温集』藤井基二作（弐拾 dB）が第 53 回造本装幀コンクール審査員奨励賞を受賞
2019	12	青山ブックセンター本店が月額制コミュニティを始める
2020	3	青山ブックセンターが初の出版物『発酵する日本』(小川ヒラク著) を刊行

第四章
つながりをも編む

町の本屋とひとり出版社

島田潤一郎（夏葉社）

二〇〇九年の九月に出版社をひとりで立ち上げて、いまも変わらず、ひとりで仕事をしている。編集も、営業も、事務も、発送も、改装作業も、全部ひとりだ。だいぶ、慣れた。

作家や、デザイナーさんや、書店員さん、たくさんの人に助けてもらっている。このことは社交辞令でいっているのではない。ひとりでできる仕事など、なにもない。

ぼくの場合、本をつくるにあたっては、デザイナーさんに頼りっぱなしで、売ることにかんしては、取次と、書店員さんに頼りっぱなしだ。

自分の足で営業には行っている。けれど、ぼくは、こういう本を出すんです、と書店員さんに紹介するだけで、それ以上のことはなにもできない。

「これはうちでは売れないですよ」といわれれば、「そうだよなあ」と思って引き下がるし、「売れると思います」といわれれば、その場でよろこぶ。

でも、出版に携わる人々にとって、本の価値は、売れる、売れない、だけではない。「売りたい」というのも、あると思う。

「売れない」かもしれないけれど、「売りたい」。

そういうふうに思われている本は、書店の店頭で見ても、なにか、違って見える。気持ちが入って見える。ぼくは、本を売るプロである書店員さんたちが、「売りたい」と思うような本をつくらなきゃと思うのである。


夏葉社の本の場合、初版の制作部数はだいたい二五〇〇部だ。つまり、二五〇〇人の読者に向けて、ぼくは本をつくっている。

一万人というと想像もつかないけれど、二五〇〇人というと、なんとなく、想像ができる。この企画はあの人がよろこんでくれるだろう。あの人は「ひよった」というだろう。あの人は迷い迷って、結局買わないだろう。そういういくつもの想像が頭をよぎる。そして、それはそんなに外れているとも思わない。

出版の大きな醍醐味は、自分のつくった本が、自分が想像もしていない読者のもとに届き、大きな反響を呼ぶことにあるのだろうけれど、すくなくとも、それはぼくが目指していることではない。

ぼくは、具体的なひとりひとりの読者に支えられて、ご飯を食べることができているのだから、まず、その人たちのために本をつくる。

こうした考え方は、ものづくりのひとつの考え方でもあるが、小売業やサービス業などの考え方でもあると思う。

あの人が買うだろう。あの人が注文するだろう。あの人がよろこぶだろう。

お客さんの顔が見えているからこそ、お店で働く人たちは、商品を選び、仕入れることができる。

ぼくは店頭で直接やりとりする代わりに、手紙や、メールや、ツイッターなどで、読者とやりとりをする。いまの時代だから、こういうやりかたができるのだと思う。


たとえば、二〇年前に、弊社のような小さな出版社が成立していたのかと考えると、ぼくはそうは思わないのである。

専門性をもった出版社であれば話は別であるけれど、ぼくがつくっている本はいわゆる文芸書だ。かつては、本屋さんといえば、駅前の、商店街の、小さなお店ばかりであった。

そうした小さな「町の本屋さん」に、ぼくがつくっているような、すこし定価が高くて、どちらかというとマイナーな作家の本が並んでも、売れるとは思わない。それよりも、雑誌や、漫画や、文庫や、旅行書や、参考書を並べることのほうが、町の人々の需要にかなっている。

けれど、この二〇年で(つまり、大店法が改正され、廃止となって)、本屋さんは、見る見るうちに大きくなっていった。つまり、小さな出版社の本を並べることのできるスペースが広がっていった。

検証するのにはかなりの紙幅を費やさなければならないが、それは、インターネットの普及と相関関係にもあるはずだ。

どんなニッチなものでも販売できるヴァーチャルな売り場と、たくさんの種類の商品を扱える広大な売り場。このふたつが互いに競い合うようにして、あらゆる小売りの状況を変えていった。そして、その状況の変化に対抗するように、個性的で、魅力的な小さなお店も増えていった。

二〇年前であれば、自社の本を読者に知ってもらうためのもっとも効果的な方法は、新聞広告であったはずだ。いまでもその効果はあるに違いないが（出稿したことがないからわからない）、あるときから、広告代理店に数十万円の費用を払わなくても、インターネットで自社の本の宣伝ができるようになった。

こうした大きな時代の変化が、小さな出版社に活動する場を与えてくれたのだと思う。

出版社と読者の距離も、インターネットの出現によって驚くほどに縮まった。著者と読者の距離もそうだろう。

ツイッターなどで本の告知をすると、「買います」といってくれる人がいる。「〇〇書店で買いました」とつぶやいてくれる人がいる。

ぼくは、彼らに、「ありがとうございます」と返事をする。

そうしたやりとりが、小さな出版社のよろこびとなり、日々となる。

47都道府県すべての書店が登場する、町の本屋について1年間考えた「町には本屋さんが必要です会議」の記録（夏葉社）

ぼくは、ときどき、自分が小さな本屋さんの店主になったような気持ちになる。

それは、ぼくがつくっている本とも関係している。

バーナード・マラマッドの『レンブラントの帽子』、関口良雄の『昔日の客』、伊藤整の『近代日本の文学史』、高階杞一《たかしなきいち》の『早く家へ帰りたい』。これらの本はすべて、絶版になっていた本の復刊だ。それ以外にも、ひとりの著者の複数の本から作品を選びなおしてつくった、あたらしいアンソロジーも三冊出版している（上林暁《あかつき》と庄野潤三だ）。

それは、これまで出版されていた膨大な本のなかから、ぼくが復刊する本を選書したということでもある。

本の世界は未来にもつながっているが、それよりも濃密に、かつ途方もないくらい広い範囲で、過去とつながっている。

それは、いま出ているすべての本が、これまで出た本となんらかの関係をもっているという意味であるのだが、もっと単純な意味でもある。

たとえば、本屋さんの文庫棚に行けば、どんなに小さなお店でも、一〇〇年前、二〇〇年前の小説に出会うことができる。絵本の棚を見れば、半世紀前、四半世紀前の名作に出会うことができる。

今年書かれた本と、一〇〇年前に書かれた本が並んでいる場所。そんな場所が「本屋さん」だと思う。

ぼくは、その本屋さんの店主のように、お客さんのことを考えながら、あたかも次に仕入れる本を考えるかのように、次の本の企画を考え、これまでつくった本を売り続ける。

時代は変わったが、人はそんなにも変わらない。

むかしの本がいまも読まれ続けるのは、むかしの人の考えていることや、よろこびや、悩みや、不安が、いまの人のよろこびや不安と、そんなに変わらないからだ。

インターネットがどんなに普及しても、小売りの現場がどんなに変容しても、変わらずに、すべてのことは、人を中心に動いていく。人のいない場所に、魅力的な場所はひとつもない。

ぼくが本屋さんを愛するのは、そこに人がいるからだ。

あの店で買ったからこそ、大切にしたい。あの人が勧めてくれたから大切に読む。

本とは、つまり、そんなものなのかもしれない。

繰り返すが、ぼくは、書店員さんたちが、「売りたい」と思うような本をつくらなきゃと思うのである。

●島田潤一郎（しまだ・じゅんいちろう）

一九七六年高知県生まれ。小説家を目指し、長くフリーター生活などを送ったのち、編集未経験から単身で二〇〇九年吉祥寺に夏葉社を創業。モットーは「何度も、読み返される本を。」。多くの読書好きの注目を集める。著書に『古くてあたらしい仕事』（新潮社）、『父と子の絆』（アルテスパブリッシング）などがある。

あなたはたったひとりで、その本を誰に届けるつもりなのか？

石橋毅史（ライター）

二〇一三年一月から、「本屋な日々」と題した月一回の連載をしている。「本屋」に関係する話であれば何でもよいということで、おもに各地の書店を訪れ、見聞きし、考えたことを自由に書いている。

広く一般に読んでもらう機会はすくない。「注文出荷制」を掲げる出版社が共同で書店に発送するダイレクトメールの、付録の読み物として書いているからだ。A3サイズの紙を八つ折りにしたコンパクトなつくりで、僕自身はいつも何部か持ち歩いて出会った人に配っているし、「売りたい」といってくれた書店が一部二〇〇円で店頭に置くこともあるが、通常はダイレクトメールの郵送先である書店の店長や仕入れ担当者だけが読者である。ダイレクトメールは毎月の終わり頃、全国の一三〇〇店ほどに届く。

ところで、六行前に書いた「注文出荷制」という言葉に、いまひとつピンとこない人が多いのではないだろうか？

「注文出荷制」とは、「書店からの自主的な注文」に応じて本を出荷する、という意味である。つまり、「書店に対して見計らいの委託配本をしない」ということである……ますますわかりにくいかもしれない。

全国の新刊書店には毎日のようにたくさんの新しい書籍や雑誌が送られてくるが、その内訳は様ざまだ。書店の担当者が「ぜひウチで売りたい」と積極的に要望した本もあれば、出版社からの「ぜひ売ってほしい」という要望に応えた本もある。

書店が自分で注文しなくても、取次とよばれる出版専門の卸業者から、自動的に送られてくる本もある。大雑把にいえば、これが「見計らい」で「委託配本」される本だ。書店は、取次から送られてきた本を見て、売れそうだと思えば店に並べる。もっとたくさん売れそうだ、と追加を求める場合もある。あるいは、売れるかどうかわからないので試しに売場の棚に差したり、ウチには合わない、売りたくない、と即座に取次へ返品したりする。

なぜ取次がそんなことをするかというと、書店の品揃えを下支えするためである。本は多種多様に出ていて、書店はそのすべてを自力でチェックし、選定し、仕入れるほどの余裕がない。見落としがたくさん出る。そのため、たとえば多くの書店で買う客がいそうな定番の本、新潮文庫の今月の新刊とか『月刊文藝春秋』、NHKの料理や英会話のテキスト……等などは、事前に冊数を決めておいて自動的に送品するのだ。

こうした定番だけでなく、多くの冊数をつくるわけではない小さな出版社の本なども、とりあえず送る。取次は、こういうジャンルの本ならA書店には何冊くらい、B書店には何冊くらい、というパターンを豊富に持っているのである。

でも当然ながら、この「配本」を的確に行うのは至難の業だ。牛乳や煙草やガソリンといった、同じものを定期的に買う人が大勢いるような商品なら、見込みを立てやすいかもしれない。だが、本は原則として、出てくるひとつひとつが新商品である。あの本がないからこの本でいいや、というわけにはいかないし、ひとりが同じ本を何度も買うこともほとんどない。

そこで、設定した期限内であれば返品できるという条件付きで、「見計らいによる委託配本」は、出版流通の慣習として長く続けられてきた。

この慣習は、読者の目に触れる可能性を多くの本に与える、という長所をもつ。そのいっぽうで、返品という無駄を膨大に積みあげる、大きな矛盾でもあり続けた。

発行される書籍の点数は年々増加し、「この本はA書店に何冊、B書店に何冊」というそもそも精密な判断の難しかった作業は、さらに困難になっていった。書店のほうも、「売れなければ返品すればよい」というルールに慣れ過ぎてしまい、「この本はウチで何冊売れるか」を見極める力を失っていった。出版社も同じだ。まずは書店に置いてもらって、返品されたらまた別の本を送りこむ。これを繰り返すことで、毎月の名目上の売上げを立てるという方法をとるところが増えた。もう一言つけ加えると、本来は返品不可だった「委託」ではない本も「出版社が了解すれば無期限で返品できる」という特例を設けるケースが増え、やがてそれも当然になった。

返品は、必ずしも悪ではない。試しに置いてみるという〝余裕〟を、システムのなかに盛り込んでおくことは大事だ。でも、その量の多さに悩まされる状態が、もう何十年も続いている。取次を介して送られる本はたいてい初版が二〇〇〇〜五〇〇〇部ほどで、一万部を超える本はわずかだ。一タイトルにつきそれしかつくらない本が、その本を潜在的に求めている読者を遠くにしたまま、日々、出版社—取次—書店の間を大量に往復している。

そこで取次は、出版社から受けとる本の冊数を制限したり、返品のすくない書店にインセンティブ（報奨）を、多い書店にペナルティ（罰則）を与えたりして、これまでのシステムを維持しつつ、生じるマイナス面をできるだけ減らす工夫をしている。だが、根本的な解決にはなかなか至らない。

主体的に仕入れ、販売する書店とつながりたい

こういう状況で、次の一手はあるものなのか？

「私たちは、見計らいによる委託配本をしません」
「ただし、書店側の自主的な注文には全力で対応する準備を整えています」
「注文出荷制」の出版社たちは、この現状に対して極めてシンプルな方法をとった。

二〇一五年五月現在、この共同ダイレクトメールに参加しているのは二六社だ。[*]四〇万部に達するベストセラーを出した出版社、世間の注目を集める話題書を次つぎと刊行している出版社、特定の分野で確固たる評価を得ている出版社、情熱をもった編集者が新たに立ち上げた出版社などが名を連ねているが、いずれも事業規模は零細といっていい。ひとりでやっている出版社も多い。

彼らが見計らいによる委託配本をしないからといって、出版流通の全体にはたいして影響がない。書店も、この二六社の本だけで自店の客の要望に応えることは不可能だから、数多《あまた》ある出版社のごく一部として扱っている。

だが彼らの打ちだした姿勢には、これからの書店はもっと主体的に「仕入れ」と「販売」をしてほしい、というメッセージが含まれている。

取次が送ってくれる本、出版社から売ってくれと頼まれた本に品揃えを頼るのではなく、「自分の店にはこの本が商品として必要だ」と自主的に判断し、注文してくれることを望んでいる。黙って待っているだけではダメだから、ダイレクトメールを全国の書店に郵送し、インターネット上でも情報を開示し、我われはそういう書店に本を売ってもらいたい、とささやかにアピールしている。書店のことを思って正しい態度をとっているのだから優先して売ってくれと主張しているのではない、という点が大事だ。その本を「売りたい」と思っていない書店にまで無理やり頼みこむつもりはない。

これは、プロとして潔い態度だと思う。我われは自社の本を売ってもらう相手を書店に決めた、売る価値がある本かどうかはそちらで見極めてほしい、と互いが対等な関係にあることを示している。従来の書店に対して、厳しい姿勢をとったともいえる。規模の大小にかかわらず、自主的な仕入れと販売で売場を成立させる力のない書店とのお付き合いはあきらめます、といっているようなものだからだ。こうして彼らは、読者の手にわたるまでの過程にいるすべての者が、それぞれ主体性をもって一冊一冊の本を扱う状態を構築しようとしている。

僕がこのダイレクトメールで連載を始めたきっかけは、事務局をつとめる出版社のトランスビューが誘ってくれたからであるが、回を重ねるごとに意欲的になっているのは、その理念と方法に共感しているからでもある。

毎月の下旬になると、各社のチラシと付録の「本屋な日々」が出来上がり、彼らはトランスビューの小さなオフィスに集まって、「封入大会」と称した封筒づくりを三時間ほどかけて行う。終わったら、近所の居酒屋で軽く一杯。長時間にわたってワイワイと賑やかだが、その場を楽しんでいるだけの烏合《うごう》の衆ではない。自社の本を納得できる方法で売っていくための作業をしに集まっているせいか、「増刷はどのタイミングで決めるか」「あの紙を使うと幾らするのか」など、情報交換も具体的な話題が多い。

ダイレクトメールに参加していない出版社の人、独立準備中の人なども、個人的な関心から手伝いに来ている。参加出版社数も郵送する書店数も増加中なので、今後は作業スペースの確保、作業の省力化なども課題になるだろう。

＊二〇二一年現在は、約一三〇の出版社が「注文出荷制共同ダイレクトメール」に参加している。

注文出荷制――出版流通の現状に対する、あくまでも小さな取り組みではある。しかし、いつか何かを変えるかもしれない、すくなくとも意味のある試行が繰り返されていると思う。付録「本屋な日々」を担当する僕のほうは、まずは書き手として自分の表現を好きなように追求する。でも秘かな目標は、書店の人がこのダイレクトメールを毎号かならず開封する、きっかけのひとつになることだ。

いまや「出版」の方法は多種多様なのだろう。ひとりでやる、少人数でやるといった場合はなおさらだ。紙か電子か、その両方か、あるいは出版＋〇〇とか。やりたい、という衝動がなければ始まらないものだとは思う。だが、その衝動の成果を社会にきちんと伝えたいのならば、何とつながり、どんな届け方をするのか、自分なりの理念と方法をもつことが必要になる。つくったものがいたずらに分配されるべきではない、かけがえのない一冊であることを知っているのは、まずはつくった当事者だけなのだ。

『本屋な日々』

●石橋毅史（いしばし・たけふみ）
一九七〇年生まれ。出版社の営業、出版専門紙「新文化」記者、編集長を経て、二〇一〇年よりフリーランス。著書に『「本屋」は死なない』（新潮社）『口笛を吹きながら本を売る 柴田信、最終授業』（晶文社）『まっ直《す》ぐに本を売る ラディカルな出版「直取引」の方法』（苦楽堂）、『本屋がアジアをつなぐ』（ころから）など。

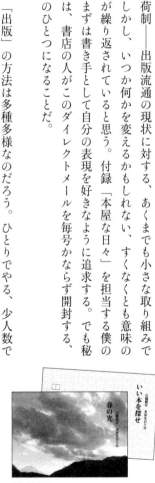

「小さな本屋」の話

内沼晋太郎（ブック・コーディネーター）

「ひとり出版社を、自分もやってみたい」とこの本を手に取った方が、少なからずいるだろうと思います。ここまで読んだあなたは、「自分にもできるかもしれない」と奮い立っているでしょうか、それとも「自分には難しそうだ」と落ち込んでいるでしょうか、ここはSNS上ではなく一方通行の紙（電子書籍ならばディスプレイ）の上、書き手のぼくには解りかねますが（コメント欄さえあれば書き込まれたすべてに「いいね！」を押したいところですが）、前者はこの本の（おそらく）目指すところのひとつとして、後者は出版業界のきびしい現実として、どちらも然るべきリアクションでしょう。閑話休題、ぼくの担当は「本屋」の話です。

ぼくは東京・下北沢で「本屋 B&B」を経営しています。バックヤードも含めて三〇坪の「小さな本屋」です。取次から新品の本を仕入れて売るいわゆる新刊書店なので、大手出版社の本も多いですが、比較的この本に出てくるような「ひとり出版社」の本や、さらに小規模なZINEやリトルプレスと呼ばれるような取次流通に乗っていない本を直接、おそらく国内有数、かなりたくさん取り扱っているほうの書店だと思います。

本で、食べていく。ビジネスとしてやっていく。そのことは決して、簡単な時代ではありません。出版、すなわち「つくる」側であればまだ、たくさん印刷すればするほど一冊当たりの原価は下がり、利益率は上がりますから、実力次第でやっていけるでしょう。ですがそれを「売る」側、いわゆる新刊書店は、もともと利益率がとても低く、たくさん仕入れても変わらず、販売価格も全国どこでも一定です。価格や商品では、大した差別化はできません。本や雑誌の需要が安定していた、ある時代までは、新刊書店はリスクの低い堅実な商売とされていたのですが、いまやほとんど無謀と言われる時代になってしまいました。

ぼくたちの「本屋B&B」もまた、多くの人に無謀だと言われました。取次の担当者に「都内で新規参入は数年ぶり」と言われるほどです。しかし実際に売っているものは、紙の本だけではありません。雑貨はもちろん、ビールをはじめとするドリンクを売り、毎晩開催するトークイベントのチケットを売り、本を陳列しているヴィンテージの家具も売っています。朝は英会話教室を運営したり、たまに雑誌やテレビなどの撮影や、商品のプロモーションの場として使っていただいたりしています。「本屋が本以外のものを売るなんて、邪道だ」と思われるでしょうか。ですがそれは、あくまで新刊書店として、自分たちがいいと思える「売りたい」本を売るためにこそ、やっていることなのです。

紙の本は、大きな出版社であっても、少人数でつくるものです。必ずしも「ひとり出版社」や個人がつくる本だけが、一冊一冊丁寧につくられている、というわけではありません。編集されている方ひとりひとりの個性も出ますし、本当に素晴らしい本がたくさんあります。けれど一方で、流行に便乗した粗雑な本もまた、たくさんあるのも事実です。だからできるだけ「売りたい」と思える本だけを選んで、売りたい。

ところが、もし紙の本だけを売っていて、売上げが下がってきたとしましょう。店の存亡がかかってきてしまうと「売りたい」本よりも、短期的なニーズがある「売れる」本にシフトしていかざるを得ません。品揃えや陳列の独自性で差別化しようとしても、短期的な収益は上がらないからです。しかしそれは店自体の魅力を失うことになり、中長期的にはさらに売上げを下げる、悪い循環を生み出しかねない考え方です。そうならないために「B&B」は、本の品揃えを気に入ってくださるお客様に、ビールやイベントなども売らせていただくことで経営を成り立たせて、そのぶん徹底的に「売りたい」本にこだわり、さらに品揃えを気に入っていただくという、良い循環を目指しているというわけです。

この世界に存在するほとんどのものは、それについて書かれた本があります。言い換えれば、書店には世界のすべてがある。書店を散歩することは、さながら世界一周旅行のようです。とくに新刊書店は、いま刷られている本が並ぶ場所。この時代、この世界をぎゅっと縮めたような、ワクワクする場所であるべきです。トークイベントや雑貨は、そうした世界に入りやすくするための窓口にもなってくれます。

一社の大きな取次と契約すれば、流通に乗っているすべての本を、そこ経由で仕入れることができるという出版流通のシステムは、とても特殊です。それを前提にしているぶん、新刊書店にとって、細かな直取引はイレギュラーな手間となります。けれど他の業界と比べると、明らかに流通への依存度が高いわけですから、小売店としてはリスクでもあります。ぼくたちが直取引を増やすのは、いい本があればその本を売りたい（そして「ひとり出版社」にはそういう本が多い）という単純な気持ちが一番大きいですが、もうひとつの理由は、いつかもし、出版流通の仕組みが揺らぐことがあっても、ワクワクする世界の縮図としての「小さな本屋」を続けられるだけの力をつけておきたいからです。

ライフワークとしての「もっと小さな本屋」

さまざまなビジネスを並行させつつ、「売りたい」本を選んで売る。直取引もすすんでやる。そうすればまだまだ「小さな本屋」として、新刊書店もやっていけます。ですがもちろん、険しい道のりであることに変わりはありません。また同じく「自分には難しそうだ」と感じている人もいるでしょう。

そして「でもやっぱり、本の仕事をしてみたい」という人に対して、出版業界の人は追い打ちをかけるように「未来がないから、やめておきなさい」と言ったりします。それぞれが身のまわりで直に不況を感じているのですから、仕方ない面もあるのですが、しかしそれでもぼくは、この手の発言は許せません。頭ごなしにそんなことを言っていたら、本に携わる人はいよいよいなくなり、本当に未来がなくなってしまうからです。

その人が大切に思っているのが、「本」のどの部分なのか。物語を伝えたいのか、誰かの人生が変わる瞬間に立ち会いたいのか、それとも印刷物としての冊子を手渡したいのか——個別に考えれば、必ずしも出版社や取次や書店に勤めたり、立ち上げたりしなくても「本」の仕事はできます。また、もしビジネスにならないとしても、ライフワークとして「本」に携わる活動をしていくことは、誰にでもできます。そうした「もっと小さな本屋」、ライフワーク的「本屋」の存在は、ひとつひとつは小さくても、全体として考えれば「本」を豊かに盛り上げます。そのことは回りまわって、ビジネスとして本に携わっている人たちにとっても、豊かな支えになります。

これまでは一般的に、作家が書き、出版社が出版し、取次が流通した本を「売る」のが「本屋」の仕事とされてきました。しかし、今や作家が自らKindleで電子書籍を販売することも、出版社が自社サイトで通販をすることも、取次が新刊書店を経営することさえも、珍しくありません。アパレルや雑貨店など、あらゆるところで本が売られています。個人でも一箱古本市に出したり、ネットオークションに出したりすることができます。蔵書の古本を売るだけでなく、出版社に電話して直接新品の本を卸してもらって売ることもできます（最近は問い合わせが増えているのか、どこの出版社でも昔よりずいぶん柔軟に対応していただけるようになっています）。ネット書店のアフィリエイトのリンクを貼れば、個人の書評ブログでも、本を売ることができます。

あるいは、必ずしも売らなくても、子どもに読み聞かせをすることも、みんなの場所に共有の本棚をつくることも、仲間と読書会を開催することも、あらゆる本にまつわる活動は、誰かが本と出会うきっかけになります。ビジネスであるか否かに関わらず、それらすべてを「本屋」であると考えれば、誰でもやる気ひとつで簡単にはじめることができます。

さらに言えば、そもそも「本」は、インターネットや電子書籍の出現以降、あらゆる「コンテンツ」や「コミュニケーション」を含む概念になり、もはや誰もが了解するような一般的な定義はできなくなった、とぼくは考えています（前に「コメント欄さえあれば」と書きましたが、ぼくがこの原稿を編集者に渡さずFacebookに投稿したとたん、「本」でなくなるというのは変ではありませんか?）。誰かの言う「本とはこういうものである」に従うことなく、自分でその領域を決めればいいのです。たとえば、「本屋 B&B」で誰かと誰かの対談イベントを企画することは、誰に何を書いてもらうかを考える本づくりと似ていますから、ぼくらは「本屋」としての仕事と捉えています。考え方によっては、それは友だちと飲み会を企画するときに、誰と誰を呼ぶかを決めることとも似て

いますので、「自分は『知的好奇心が刺激される出会いが生まれる瞬間』こそが『本』だと思う、だから飲み会を企画するのもまた『本屋』の仕事である」と考える人がいてもいい、ということです。

「書店を散歩することは、さながら世界一周旅行のよう」と書きました。沢木耕太郎さんに『貧乏だけど贅沢』というタイトルの旅に関する対談集がありますが、「本屋」をやることはまさに「貧乏だけど贅沢」です。だからお金以前に、まずやってみたい。けれどそれには、ビジネスとして具体的な事業計画を立てている人でも、ライフワークとして活動の形を模索している人でも、やはり情報や知識、経験やアイデアが足りていないことがあります。そんな人たちのために最近、ぼくも「これからの本屋講座」というのをはじめて、その人がやりたい「本屋」のかたちを具体化するお手伝いをしたりもしています。

「本」の未来がどうなるかは、ぼくにもわかりません。ですが、楽しむ人が多いほうが、明るいことはたしかです。もし、いわゆる書店や出版社は難しそうだと感じたとしても、できる限りの小さな「本屋」を、まずはじめてみる。というのでひとつ、どうでしょうか。

「小さな本屋」の話（2021）

と、書いたのは二〇一五年。その後、本屋B&Bは、二〇一七年一二月に移転しました。そして、本稿で書いたような「小さな本屋」の始め方と続け方について、「これからの本屋講座」で話してきたことをベースに、三年がかりで書いた『これからの本屋読本』（NHK出版）という本が二〇一八年五月に出版されました。大変おこがましいですが、教科書と呼べる本を目指して書きましたので、少しでも本屋をやってみたいと思った方はぜひ手に取ってみてください。

前後して、二〇一七年には『本の未来を探す旅 ソウル』、二〇一八年には『本の未来を探す旅 台北』（ともに朝日出版社）という二冊の共著も上梓しました。隣の国の、小さな本屋と出版社をたくさん取材して回ったことで、まるで並行世界の自分のような同志たちと出会えたことは、国内に閉じていた視野をずいぶん広げてくれたと感じます。

そして二〇二〇年四月、二度目の移転をしました。店の広さは四〇坪。相変わらずの「小さな本屋」ですが、緑があふれる広場に隣接した建物の二階で、天井は高く、とても気持ちのよい場所です。二〇二一年現在、そこで営業を続けています。

もはや、あらゆることが、気が遠くなるほど昔のことのようです。増補改訂に至るこの六年、そしてこの一年ほどのあいだに、随分といろいろなことがあったものです。

言うまでもなく、ある感染症の拡大は、自分たちの生活を根底から揺さぶり、問いを投げかけるものでした。いままで見過ごしていたこと、気づいていたけれど見ないようにしていたことが表面化することによって、価値観や行動の変化を促しました。

仕事のミーティングがオンラインになったり、遠方に出張する機会がなくなったりといったことは、その代表的な変化であるといえます。そして逆に、いままで曖昧にしか意識してこなかった、対面でないと得がたいコミュニケーションや、実際に足を運ばないとわからない現場感覚といったものが、いったん失われた時間を経たからこそ、個々人の中でより鮮明になり、一定の区別を生んだのではないでしょうか。このミーティングはオンラインでよいが、このミーティングはできれば対面で行いたい、といったように。

そのことは「小さな本屋」にとっても無縁ではありません。これまで毎日のように通っていた近所の本屋が、営業の自粛の要請を受け、休業している。みな、必要最低限の外出しかしないように し、なるべく人混みを避けている。二〇二〇年、世界中でそのような事態が訪れました（そして、あなたがこの文章を読んでいるいまその場所で、また同じ事態が起こっていないとも限りません）。

あのとき、本屋を愛する人に、同じ問いが投げかけられたはずです。果たして自分の生活にとって、本屋に足を運ぶことが、どのような意味をもっていたのか？　それがもっていた意味のうち、どの部分はオンラインのサービスで代替でき、どの部分は代替できないのか？　失われて初めて、それを意識した人も少なくないのではないでしょうか。

やや大げさに言えば、それは「人にとって店舗とはなにか？」という問いです。そしてそれはお店を運営する側にとって、難しいけれど、おもしろい問いであり、これからお店を続けていくために避けて通れなくなった問いといえるでしょう。自分の店が、十分に成立し続けるだけの人数のお客さんにとって、オンラインで代替不可能な価値を提供できているかを、常に問われることになりました。

そしてそれは同時に、つくる側と売る側、つまりメーカーと小売との違いを浮き彫りにしました。自分は両方をやっているのでよくわかるのですが、本をつくる側は（もちろん量は減りますし、新刊の予定が重なれば機会は逃したでしょうが）書店が休業しても売上げがゼロになることはありませんが、本を売る側はお店が開けられない時間に一円も売り上げることができません。今回のような状況下においては売る側、とくに、場が開かれていて客が来るこ

とを最低限の前提として成立する、いわゆる「お店」を構えている側に、より一層の苦しさがあったといえるでしょう。

しかし裏を返せばそれは、つくる側よりも売る側のほうに大きな問いが投げかけられ、より抜本的な、価値観や行動の変化が促された、ということでもあります。具体的なイメージがあるわけではないのですが、少なくともそう考えてみると、この業界の旧態依然とした部分をこれから動かし変化させていくのは、売る側のほうなのかもしれません。

いずれにせよ、これほど大きな問いの答えに近づくには、まるまる一冊別の本が必要でしょう。本書を読んで出版社をやりたい気持ちがより盛り上がった人も、むしろやりたいのは本屋かもしれないと思った人も、それぞれ自分なりに考えてみるのがよいだろうと思います。

あらためて思うのは、本屋とは人である、ということです。そしていま、自分が次に取り組むべき大仕事は、本屋として活躍すべき人がその能力を生かし、本にまつわる仕事や活動をしやすい環境、それを成り立たせるインフラをつくることではないだろうか、とぼんやり思っています。

●内沼晋太郎（うちぬま・しんたろう）
一九八〇年生まれ。numabooks 代表、ブック・コーディネーター。新刊書店「本屋 B&B」共同経営者、株式会社バリューブックス社外取締役、「八戸ブックセンター」ディレクター、「日記屋月日」店主。また、下北沢のまちづくり会社である株式会社散歩社の取締役もつとめる。現在、東京・下北沢と長野・上田の二拠点生活。

column 4

海を越えてつながるひとり出版社

西山雅子

本書『〃ひとり出版社〃という働きかた』は二〇一五年の刊行後、二年後の二〇一七年に韓国、翌二〇一八年には台湾で翻訳出版された。出版元はいずれもひとり出版社である。現地の独立出版シーンを牽引する人物により紹介されたおかげで熱く迎えられ、交流が生まれた。ここに報告を兼ね、紹介したい。

韓国語版の出版元は趙成雄《チョソンウン》氏が代表をつとめるUU《ユーユー》press。その姿を最初に目にしたのは『本の未来を探す旅ソウル』（内沼晋太郎氏＋綾女欣伸／編著　朝日出版社）のなかだった。見出しには「ソウルの若者が憧れるひとり出版社」とある。一九七四年生まれ、出版社勤務三社を経て二〇一二年、三七歳で

趙成雄　UUpress
独立出版界での存在感といい、その佇まいといい、まるで韓国の島田潤一郎さん。

創業、UUは悠々自適の「悠々」である。自身の得意分野の人文教養書のほか、チャールズ・M・シュルツ『ピーナッツ』などの翻訳書もある。

韓国語版刊行を受け、二〇一七年九月、坡州《パジュ》出版都市で開催された業界関係者向けセミナー「第四回坡州編集学校」に招かれた。坡州はソウルから北へ車で一時間ほど、四八万坪の広大な敷地に出版社や印刷会社はじめとする出版関連会社ほか図書館、映画館などが集結した国による計画都市でブックソリなどの国際ブックフェスでも知られる。自然とデザイン建築が調和した美しい街で本好きなら一度は訪れたい場所だ。

テーマは「世界の独立出版事情」。登壇者はアメリカからPublishers Weekly副社長Carl Pritzkat氏、台湾から南方家園文化事業有限公司代表の劉子華《リウズーホワ》氏と私の三人。司会進行役として趙成雄氏本人にも会えた。

当時、各国の状況を知るなかで感じたのは、当前だ

が言語の母数によって独立出版の様相も変わること。
日本・韓国・台湾の人口比は約四対二対一で台湾は出版環境が一番過酷なぶん「独立出版連盟」なる協働化が進んでいる。劉子華氏は創設メンバーのひとりだが台北国際ブックフェアでの独立出版連盟の共同ブースの報告が印象深かった。なんでも「旅」「料理」など毎年のテーマごとに各出版社の本を集め趣向を凝らした展示が国内外で好評という。一方、アメリカでは無名の小説家が自費出版した電子書籍が大ブレイクとの話題にもとび英語圏、単純に羨ましい……。

韓国・台湾両国について補足すると、政府の検閲を受けず自由な出版活動が解禁されたのが八〇年代後半。わずか三〇年ほどの間に出版文化を発展させてきた。言語の独自性に加え、人口比に対する出版点数も多い。そのせいか書店では本の装丁やディスプレイの工夫が目をひき、より手に取らせようとする意気込みと洗練を感じる。出版条件の厳しさ、小さくとも独立した本作りへの切なる思いは、本書が日本にはない熱さをもって両国で受け入れられた背景のように感じる。

韓国滞在中は、ソウルＷＯＷＢＯＯＫフェスティバルでの刊行記念トークイベント、時事週刊誌『週刊時事人』やオンライン書店Yes24運営によるウェブメディア「Channel Yes」のインタビューと目まぐるしく、そのスピード感にお国柄を感じた。ともに駆け抜けた趙成雄氏、当時河出書房新社の版権担当、田中優子氏に今も感謝ばかりだ。

かわって台湾の中国繁体字版『一個人大丈夫』の出版元は柳橋出版、代表は李家騏《リージャーチ》氏。二〇一六年創業、浅草の神田川に架かる、かつての花街で知られた「柳橋」から名をとった。大衆文化と前衛文化、新しい思潮と古い伝統、フィクションとリアル、様々な架け橋を目指すという。一九八〇年生まれ、誠品書店の店員、音楽雑誌の編集者、ライターを経て独立書店とひとり出版社、どちらへ進むか迷っていたとき娘が誕生、後者を選んだ。日本語が堪能で

李家騏　柳橋出版（柳橋小鹿有限公司）
「人は何を求めるか、何を読みたいか、コロナは本当の課題から目をそらす言い訳にすぎないんです」今後、本の潜在的読者を増やすための映像制作にも力を入れると話す。

カルチャーにも詳しく、日本の翻訳書を他にもたくさん出している。

タイトルは文字通り「大丈夫」の意味と孟子の教えにある理想の人間像「独りでも志を貫く立派な人」を重ねている。台湾のＷＥＢ読書メディア「Openbook閲讀誌」主催の出版賞「Openbook好書獎二〇一八」で「美好生活書（素晴らしい人生に出会うための本）」部門に入賞。年間三〇〇〇冊ほどのなかから四部門各一〇作品が選ばれるうちの一冊となり、他の受賞作とともに国内の主要書店で展開される年末年始の大フェアで紹介された。

台湾版では嬉しい出会いがもうひとつあった。独立出版連盟の看板、陳夏民《シャーキーチェン》氏が素敵な序文（左頁参照）を寄せてくれたのだ。一九八〇年生まれ、まだ台湾でひとり出版社がほとんどなかった二〇一〇年に逗點文創結社《カンマブックス》を立ち上げ、その奮闘記で後に続く者が増えた。台湾ひとり出版社界の先駆けだ。出版業の傍ら本屋「讀字書店《ドゥーズー》」を営み、自身の著作も多く、出版賞も度々受賞している。『本の未来を探す旅 台北』（朝日出版社）にも登場、刊行イベントで来日した際、光栄にも筆者や本書に登場した出版人に会いたいとのことで、著者の内沼・綾女両氏ほかとタバブックス宮川真紀氏のオフィスにて交流の機会を得た。後日、報告を受けた李家騏氏は「いつか、日本と台湾の独立出版社をつないで書物展ができたら」と話した。いかにも文化に「橋」を架ける柳橋出版らしい。コロナが終息したら、実現したいことのひとつである。

『다양하고 지속 가능한 출판을 위하여　일본１인 출판사가 일하는 방식』
김연한（金延翰）／訳
이기준（李起俊）／装丁

カラフルなタングラムで示された数字の「１」。ひとり出版社のあり方、本作りの性質など様々にイメージを喚起する

『一個人大丈夫』
王華懋／訳　黄思蜜／装丁

ひとりの背中をバシバシ叩かれるようなタイトル。本の形をした帯の下にはひとりで何役もこなす、ひとり出版者の日常が。

中国繁体字版『一個人大丈夫』刊行に寄せて（抜粋）

（バイトや請負仕事で少し疲れ気味の独立出版人に）僕が「独立出版をやって、後悔したか」と試しに尋ねたら、「まあ、ちょっとね、でも大丈夫」としばらくして返事をくれた。

そもそも、この道を選んだのが自分自身だから、大丈夫。

（中略）

「“ひとり出版社”という働きかた」のページをめくったら、まるで馴染み深い他人からもらった手紙を読むみたいに感じた。本書に登場するひとり出版社の物語は、どれも懐かしく温かく、僕の心に響いてくる。無謀な決断だとか、ちょっとこだわりすぎたかもしれない編集方法だとか、昔の思い出や失敗談がどんどん湧いてきて、僕は勝手にこの本と対話した。そうしたら、僕が失敗と思っていたことが、今は宝石みたいに輝いて眩しかった。

「“ひとり出版社”という働きかた」は、同業者だけじゃなく、クリエイターや本好きの人々にとっても心温まる贈りものとなるに違いない。十人十色の出版人がひとり出版社の光と闇、かけがえのない人生をありのままに語ってくれた。もしあなたが、理想を求めるあまりに現実とせめぎ合い、ときに辛くなったとしたら、この本の中にあなたの居場所がある。「ひとりだけど、さびしくないよ」と、きっと感じられるはずだ。

僕は日本の同業者のみなさんに、そしてこの本を読んでいるあなたに、これからどうすればいいか悩んでいるあなたに、温かい手を差し伸べて、いつか握手できるように応援したいんだ。

陳夏民（逗點文創結社編集長）

日本語訳／李家騏

『本の未来を探す旅　台北』トークイベント会場にて
左から、安永則子氏（小さい書房）、筆者、陳夏民氏、石橋毅史氏 2019.2

おわりに

児童書出版社に入ったばかりの頃、会社でザリガニを飼っていた。とりわけ生き物が好きだったわけではない。が、自然科学絵本の担当になった。あまりにも知らないことが多く、著者の手前、「私も毎日観察してみます」と、せめてやる気をアピールしたいがためだった。いい大人ふたりで池に出かけ、ザリガニ釣りを存分に楽しんだ。周囲の小学生たちが目を丸くしていた。

著者が管理するザリガニの水槽は手入れが行き届き、まるで楽園のようだった。池のなかにいれば、いつ食べ物にありつけるか、どんな敵に襲われるかもわからない。そんなリスクとは無縁の夢のような生活が、ある日突然、彼らにやってきたのだ。ザリガニたちは絵のモデルにふさわしく、生き生きとした行動生態を見せてくれた。

一方、私の水槽にやってきたザリガニたちは、不運としか言いようがなかった。水槽が小さすぎたのか、水の管理が悪いのか、相性がよくないのか。ザリガニたちは常にストレスを抱え、よくケンカした。ある日、校了に追われ、しばらく視界から消えていた水槽に目をやると、一匹が頭だけになっていた。目を離した隙に脱皮し、殻が固まらないうちに別のザリガニに食われたのだ。

ザリガニの親は、約二〇〇〜四〇〇個の卵をもつ。野生下では、稚エビの間にほとんどが他の生き物に食べられ、生き残る個体はわずか。ザリガニの卵が狭い水槽内で、すべて孵化したらどうなるか。おそらく私が管理する水槽なら生存競争をかけ、すぐさま共食いがはじまるだろう。想像するだに恐ろしいが、水槽を楽園のように管理する著者の経験によると、一匹だけが大きく育ち、他は成長を抑制して、身体を小さくしたまま共生していたという。種として生き延びるために、自然に身体が環境に適応していくのだ。

思い出の多かった会社を辞めて、ちょうど一年になる。二〇代、出版業界の片隅にいるにはいるが、うろうろと身の置きどころが定まらず、悩みながら過ごした。三〇を過ぎてようやく、親も名前を知る出版社の正社員になることができた。もう、うろうろしない。ここで自分の居場所を築くのだ、と腹をくくって仕事に打ち込んだ。

振り返ると一二年間の会社員生活は、ザリガニの水槽のようだった。楽園に思えた時期も、過酷だった時期もある。やりたい仕事をつかんだのに、なぜ自ら離れなければいけないのか。ひとつわかっていたのは、それなりに過酷な水槽生活で、私は生き延びる適応力をもった個体ではなかったことだ。仲間を食ってまでも生き残るタフさも、小さく身を縮めて共生する柔軟さもなかった。たとえ、定年まで勤め上げることができたとしても、私たちの世代は、その後も働き続けなければいけない。

この先、ひとりで生きていけるだろうか。

残りの編集者人生であと何冊、長く遺せる本をつくれるだろうか。

水槽内ですら生きられない個体が、野生下で生き延びることができるのか、はなはだ不安だったが、いちかばちかフリーランスに戻ることにした。出版業界はますます厳しくなるばかりである。池の水はさぞ冷たく沁みるだろうと身を固くして飛び込んだが、ひとりで泳ぎ回ってみると思っていたほどではない。少なくとも、今のところは。そうか、もう私は稚エビではないということか。あれほど苦しいと感じていた会社に、大きく育ててもらっていたことに、あらためて気づかされるばかりだった。

私が今後、ひとり出版社を立ち上げるかどうか、今はまだわからない。ただ、作家が魂を込めた作品を預かるつなぎ手として、その本にとってベストとなったとき、その道を選びとれる編集者になりたいと思った。そうでなければ、この先、全力で前に進めない気がした。そこで、先人たちに知恵と力をもらいに行くことにした。それは私にとって、これからの生き方、働き方、本のあり方をあらためて見つめ直すことにもつながった。

この本の編集作業を進めていくなかで、人々に本を届けるつなぎ手として、編集者はなにを集め、どのように編んでいくのか、その範疇はこれまでになく多様になっていくことを感じている。大きな出版社から刊行されることとなった、小さな出版社とその周辺についての本は、どんなふうに人々の手に渡っていくだろうか。出版社の力によって小さな出版社の本が、より注目されることにつながってくれるだろうか。はたまた、小さな出版社のみなさんの機動力や細やかなコミュニケーション力を通じて、大きな出版社から出た本が、より求めてくれる人たちに知られることになってくれるだろうか。

生き物たちと同じように本の世界も、多様性が未来の豊かさを支えると思う。この本が有機的に作用しあう網目のなかで広がりをもち、ひとりでも多くの人の手にとられることになればと願うばかりである。

＊　＊　＊

この本での取材、編集の間にもたらされた人々との出会い、そのひとつひとつが、私にこれからも本の世界で生きていく勇気をあたえてくれました。すべてのお名前をここに挙げることは叶いませんが、ご助言やお力添えをくださいましたみなさまに、心から感謝いたします。なかでも、「版元は黒子」を信条としながらも、取材やご執筆に応じてくださった小さな出版社のみなさま、本を生業とするみなさま、本当にありがとうございました。

お会いした機会は決して多くはないのに、そのどれもが私自身の大きな節目にあたり、老賢者の知恵と力を授けてくださる谷川俊太郎さん。まじりけのないご助言と、同じ時代に居合わせることができた幸運に感謝いたします。挿画のミロコマチコさんには、野生下でのびやかに生きるパワーをもらいました。本当にうれしいです。

レスキュー隊のような頼もしさで支えてくれた、デザイナーの倉地亜紀子さんとカメラマンの田口周平さん。ふたりのお力なしには、この本をかたちにすることはできませんでした。本書の企画当初から並走してくださった河出書房新社、担当編集の高野麻結子さん。出口の見えない進行を経て、無事にこの原稿を書けるのは、その手腕のおかげと頭がさがるばかりです。

最後に、今、この本を手にしてくださっている読者の方に、心から感謝の気持ちをおくります。本書が本を愛するすべての人にとって、ささやかでも光となればそれほど幸せなことはありません。

二〇一五年六月　　西山雅子

増補改訂版に寄せて

よっぽど怖かったんだな、と思う。「会社を辞める」それだけで、「本を作って生きていく」それだけでそこまで深刻にならずとも……。独り立ちして七年、今は肩の力を抜いて笑うことができる。「この本を読んで、ひとり出版社を立ち上げました」という方にたくさん会った。当時、見えない先行きを思い震えていたからこそ強く受信したエピソードがある。折にふれ前へ進む力をくれた先人たちの言葉が。ほかの誰かの背中を押してくれたなら、それほど嬉しいことはない。これまでも、これからも。本書にご登場いただいた方々には、このたび再掲載を見合わせた方も含め、かけがえのない出会いに感謝しかない。

かつて、ひとりで出版社を立ち上げることは「無謀」と言われた。今ネットで「ひとり出版社」と検索すると、女子大生による元気のいい出版レーベルがヒットしたりする。石橋毅史氏の寄稿（P.２４５）に出てくるトランスビューと契約し、注文出荷制共同ＤＭに参加する版元だけでも六年前の五倍に増えた。ここ何年かで状況が様変わりした理由は多々あるが、小さな出版社に門戸を開くＪＲＣ、八木書店、鍬谷書店、ツバメ出版流通といった、小取次の存在がかつてより知られるようになったことは大きいだろう。「無謀」の言葉に違和感が出てきた背景には、長く経済不安が続く日本で「安定」の意味が変わったせいもある。港の人の上野勇治氏の話に「白線の内側」（P.64）という詩が出てくるが、今はその白線そのものが薄くなっているように思える。大きなものに倚りかかっていれば安全だった時代は過ぎ、今は白線の内側から外側へ、いつでも出ていける構えでないと危うい。コロナ禍によって、ひとり出版社は他の自営業に比べ、むしろリスクが少ないかもしれないとさえ感じた。

さしあたり「ひとり出版社」には明確な定義はないものの、出版専業かどうかで従来の小規模出版社と出版レーベルに分けられる。後者の発行元は書店やデザイナー、編集者、作家等のほか出版業以外の企業や個人も増えている。「ひとり」に「独り」とあてて「小さくとも独立した出版活動」ととらえると手売りのＺＩＮＥや小冊子等も思いあたり、多彩を極めるばかりだ。発行元としての継続的な出版活動のほか、単発的な自費出版もプロ・アマ問わず、これまでになく増えているようだ。コロナ禍がもたらした内省的な時間は、人々の「小さくとも独立した出版活動」に、今後も少なからず影響を与えることだろう。

新規参入がどんどん増え、多様性に満ちた出版の可能性がかつてないほどに広がるなか、売り物にするにはちょっと……という本もたくさん出るに違いない。かといって素人は手を出すな、というのもおかしい気がする。なぜなら本を作るという行為は、自己との対話で思考を深めたい、世に気づきをあたえたい、まだ見ぬ誰かと時空を超えて繋がっていきたい、といった人間的なコミュニケーションへの希求と結びついているからだ。トランスビューの工藤氏とこんな話をしたことがある。思うに〇→一にする価値のない本はひとつもない。だが、一→一〇〇、一〇〇〇、一〇〇〇〇にする価値があるかどうかは、別の次元の話だ。誰もが本を作り出版できる時代、生き延びをかけて挑むなら、よく精査したいところである。

さて、この本の限られた紙幅でひとり出版社の多様性をいかに伝えるのか苦心したが、ご覧のように網羅しきれるものでない。せめて本書に登場した実績ある出版社だけでなく、私のような駆け出し者による「小さくとも独立した出版活動」についても、思い切って綴ることで多様性の一端を担えればと思う。

ここは、知らないけれど、知っている場所

「あなたは、ひとり出版社を立ち上げないのですか？」そう聞かれるたび、私には後ろめたさすら募っていた。こんな本を著しておいてなんだが、どうもしっくりこなかった。理由は私の出す企画の多くが幼い人に向けた、価格も抑えて出したい絵本だからだ。むろん実績あるひとり出版社も多々ある。だが前職で書店のほか幼稚園や保育園、学校図書館等への配本を支える組織力や業界特有の営業販促を間近で見てきたせいか、自分ひとりでうまくやれる気があまりしない。今のところフリー編集者として、しかるべき出版社に企画を持ち込むのが最良と考えている。そもそも本作りはリレーなのだから役割分担でよい。でも心の隅には貧乏な親がわが子の幸せを願って、裕福な家に里子に出すような気持ちもちょっとある。

私自身の「ひとり出版社という働きかた」の始まりは、あのウイルスの拡大とともにやってきた。「もうすぐ描き終わります」ライブペインティングアーティストの近藤康平さんから、そう連絡を受けたのは最初の緊急事態宣言が出たばかりの二〇二〇年四月初めのことだった。ともに初めての画集を作ろうと約束して二年近くが過ぎていた。コロナで二カ月分のライブが全てキャンセルとなり、絵に向かう時間ができたのだ。これから世の中がどう変わっていくのか、どんよりとした雲に覆われていた時期だった。

近藤さんは私と同じく児童書出版社の社員編集者だった頃がある。ある日、編集者仲間が集まる勉強会でこう言った。「今月末で会社を辞めて、アーティストとして活動します」……アーティスト？　その場がしんとした。編集者を辞めて絵本作家に転向する人は結構いる。だが、アーティストになると言った人は初めてだ。その日からこの人はどうなっていくのだ、という興味で個展のたびに足を運んでいた。

近藤さんの言うアーティストとはどんな働き方なのか。主な柱は個展での作品販売とライブペインティングだ。音楽家の演奏にあわせ、手に直接、絵具をつけて大きなキャンバスに絵を描く。アニメーションのように変幻する景色に物語が生まれる。構造的に音源収入だけで成り立たなくなった音楽業界で、アーティストがSNSを駆使してライブで身を立てるやり方を絵の世界で実践していた。

画集となれば原価高は免れず、他社に持ち込みの道はない。ライブ会場での販売中心なら、ひとり出版社のほうが小回りが効いてよいはずだ。余談だが、私には絵にまつわるトラウマがある。幼い頃、友達の絵を真似して描き、誤解した先生が友達を叱った。真似したのは自分だと言えず悲しかった私のなかの子どもが芸術家への憧れ、美術や絵本、子どもの創造教育への関心へ向かわせたと思っている。美術の専門教育を受けていない近藤さんが二九歳で突如、絵を描き始め、才能を開花させた道のりにも興味があった。

画集の刊行に備え、私は「月とコンパス」という屋号を掲げることにした。

――コンパスのような軸足をもち、もうひとつの足をどこにおき、どんな円を描くのか――

小さくとも独立した絵本作りの先駆けで、師と仰ぐ人が、大学の講義で自身の仕事へのスタンスとパートナーシップについて述べた、その言葉に深く共感して以来、自分の指針としている。書店への便宜上「ひとり出版社」と自己紹介しているが、内実はフリー編集者の活動に軸足をおく「出版レーベル」とするほうがふさわしい。出版コードも個人事業主で取得した。副業解禁時代、編集者以外、あるいは社員編集者でも出版レーベルを始める人は今後、増えるのではないか。

流通はトランスビューに依頼した。書店の注文が果たしてどれほど来るだろうか。定価や部数を決めるのに、いちいち逡巡する私に近藤さんは「一〇冊ずつ、一五〇回ライブをやればいい」と笑った。版元になろうというのに、こうも作家に言わせる自分を恥じつつ当てにしていた。それだけに連絡を受けたとき、申し訳ないが「今か……」という思いがよぎった。巷ではライブ会場救済のクラウドファンディングが立ち上がっている。出版社は相次いで新刊の発売を延期し、他社に企画を持ち込んだ絵本の刊行記念原画展は、お客を会場に入れられないまま絵だけが壁に飾られていた。新人作家のデビュー作だった。今、本を出して本当によいのか？　制作費だけでざっと三〇〇万。一度に使ったこともない大金だ。書店でダメならライブ、の保険はない。だけど活動再開の見通しの立たないなか、近藤さんはどんな気持ちでいるだろう。たとえ売れなくても今、本を出さなくてどうするのだ。ひとりで逡巡、ひとりで熱い。しかも人助けみたいな勘違いも甚だしい。……ひとりだから仕方がない。

本のイメージはすでにあった。装丁の坂川朱音さんと篠原紙工・吉永久美子さんの製本ディレクションでドイツ装の表紙に四角い窓を施した「オリジナル額縁装」が生まれた。税込で五〇〇〇円を超えたが近藤さんの絵を持つ人なら喜んでくれるはずだ。何より絵画を購入した経験のない若い層に届けたかった。表紙の窓は絵の世界への入口だ。海外の読者にも届ける日を夢みて、テキストは日英バイリンガルにした。

全国の書店に新刊告知のファックスを送ってからというもの、メールに注文の通知が届くたび小躍りした。オンライン受発注システムBookCellarのリスト画面には予約

『ここは知らないけれど、知っている場所』 著 / 近藤康平
特別寄稿 / 文月悠光
翻訳 / 岩渕デボラ
額縁状の表紙にリーフレットをはさむと４種の表紙が楽しめる。壁に立てかけて絵のように飾れる画集。

装丁／坂川朱音　印刷／サンエムカラー
製本／篠原紙工　箔押し加工／コスモテック
型抜き加工／東北紙業社
プリンティングディレクター／山根亮一（サンエムカラー）
バインディングディレクター／吉永久美子（篠原紙工）

注文が日に日に積み上がっていく。いよいよ配本の前日、ステイタス欄にずらりと並んでいた「出荷待ち（予約）」の文字が、一斉に「出荷準備中」に変わった。画集を積んだトラックが今にも走り出そうとするのが見えるようだった。一五〇〇部ながらも出版流通のダイナミズムを肌で感じた瞬間だ。やがてツイッターには画集を手にしたファンの方たちの声が次々と上がった。たとえ旅に出かけられなくても、本の扉を開ければそこに「知らないけれど、知っている場所」がある。結果的にこの本にとって、ベストの時期に刊行できたのではないか。

　そんな感動のスタートから一転、三カ月後、さざ波のごとく打ち寄せる返品の数に慄く。そうと知ってはいたが版元になると、かようにスリリングなものか。それでもおかげさまで、刊行と同時に始まった絵の展示とあわせた画集フェアのリレーが、六か月後の今も大型・独立書店とりまぜ続いている。むろん著者頼みに変わりはない。もっとやれたらいいことは多々あるが、どれもこれも手が回っていない。そして在庫が一〇〇〇を切った今は、重版の部数と時期でまたも逡巡……ひとりだから仕方がない。

　さて、この長すぎるあとがきのオチをどうつけるかと思案していたら一通のメールが届いた。弱小、月とコンパスには恐れ多い大手取次会社からだった。

「御社の画集を、ぜひ海外の書店様へご紹介したく、つきましては……」

　はたしてコンパスは、次にどんな円を描けるか？

二〇二一年六月　西山雅子

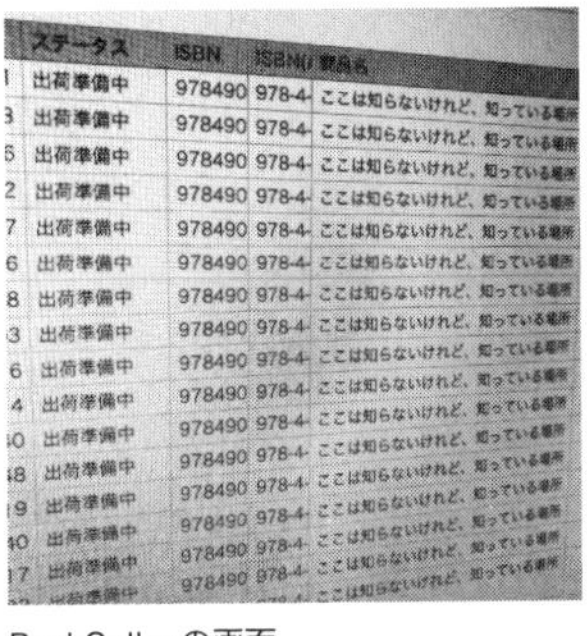

BookCellar の画面

編集・執筆

西山雅子（にしやま・まさこ）

1970年生まれ。美術雑誌、児童書出版社の編集職を経てフリーランスに。おもに絵本の出版企画・編集・執筆等の活動をしている。絵本と芸術書のひとり出版社「月とコンパス」代表。https://www.moon-compass.com

取材協力　《注文出荷制》今月でた本・来月でる本 事務局
ツバメ出版流通

編集協力　川浦司　久保田貴子　小見直子
鈴木さち代　山川仁

取材・文（P224～228）田中絢子

増補改訂版 "ひとり出版社"という働きかた

2015年7月30日 初版発行
2021年7月20日 増補改訂版初版印刷
2021年7月30日 増補改訂版初版発行

編者　西山雅子

発行者　小野寺優

発行所　株式会社河出書房新社
〒151-0051
東京都渋谷区千駄ヶ谷2-32-2
電話　03-3404-1201（営業）
03-3404-8611（編集）
https://www.kawade.co.jp/

印刷　三松堂株式会社

製本　大口製本印刷株式会社

Printed in Japan
ISBN 978-4-309-30010-8